un espace à soi

THE ALLOTMENT
Lotto

CAROLINE CLIFTON-MOGG

un espace à soi

IDÉES ORIGINALES POUR AMÉNAGER UN BUREAU OU UN ATELIER CHEZ SOI

massin

Conception Paul Tilby
Rédactrice Rebecca Woods
Traduction de l'anglais Sylvie Del Cotto
Recherches iconographiques Emily Westlake
Responsable de production Patricia Harrington
Directrice artistique Leslie Harrington
Directrice éditoriale Alison Starling
Index Diana LeCore
Édition originale publiée en 2011 par
Ryland Peters & Small Ltd sous le titre
"A space of my own"
20-21 Jockey's Fields, London, WC1R 4BW

10 9 8 7 6 5 4 3 2 1
Éditions Massin
Publiées par Société d'Information et de
Créations - SIC
10, bd des Frères-Voisin 92792 Issy-les-
Moulineaux CEDEX 9 - France
Pour l'adaptation et la traduction française

Dépot légal : septembre 2012
ISBN : 978-2-7072-0768-5

Printed in China

Table des matières

TOMY
BUS!
KISS ME KATE
Polanski with the best of Twists
E NE SAIS Q
SAT 19TH FEBRUARY VIBE BAR 91 BR
GUESTS: DJ ADNI (ST LOUIS USA) AND GEORGIA GIRL
F. MCQU
SIMBA
MARA
$3.50 8PM TILL 3AM
QUALITY BOOTY MUSIC

BOYS ARE STUPID,
EVERYONE'S TALKING ABOUT...
YR 11 MUCK UP DAY
Motel
TATE
GREETINGS FROM

Simple à installer, tout en étant
extrêmement fonctionnelle,
cette pièce a été pensée comme
un véritable espace de travail, avec
une lumière naturelle abondante,
et un mur réservé aux nombreuses
étagères qui accueillent livres
et matériel de bureau. Les autres
éléments indispensables sont
une grande table, un fauteuil
adapté, et une lampe de bureau
aussi ravissante qu'efficace.

Créer un lien d'inspiration

Nous avons tous besoin d'un espace qui nous soit réservé, et depuis toujours. Même si, de nos jours, il est difficile de reproduire l'architecture des salles d'étude et des bibliothèques d'antan, l'envie d'aménager son propre espace est toujours aussi vive. Selon des chiffres récents, environ 70 % des plans de rénovation de l'habitat incluent un coin bureau plus ou moins développé.

Le concept de partie privée, qu'elle soit destinée aux hommes ou aux femmes, était déjà présente au XVIIe siècle, quand la vie domestique, essentiellement familiale, acquit la même importance que la vie sociale du foyer. À partir de cette époque, on a commencé à intégrer aux demeures un certain nombre de petites pièces, relativement discrètes, qui conduisaient aux vastes salles communes ou de réception. Ce sont ces coins plus douillets qui ont permis l'évolution de la vie domestique. C'est encore dans ces petites pièces – alors

À GAUCHE, EN HAUT : Une chaise et un bureau devant une baie vitrée peuvent être la solution. Cependant, il est prudent d'installer un store facile à baisser dans les moments de concentration.

À GAUCHE, EN BAS : La large porte-fenêtre laisse entrer la lumière naturelle qui fait de cette pièce un lieu de retraite paisible et simple.

À DROITE : Les lignes pures associées à la lumière naturelle abondante font de ce lieu un espace de travail parfaitement bien aménagé. De plus, son confort classique invite à la relaxation et à la réflexion.

appelées placard ou cabinet – que les gentilshommes conservaient leurs collections d'objets rares : livres imprimés de valeur, œuvres d'art de petites dimensions et autres curiosités naturelles ou artificielles. Peu à peu, le cabinet de collectionneur s'est transformé en salle d'étude. Dans ce lieu paisible, on pouvait non seulement se retirer pour s'instruire, mais également admirer à loisir des objets insolites et artistiques, ou s'adonner à des plaisirs typiquement masculins comme fumer. L'équivalent féminin de cette pièce singulière est le boudoir. Moitié salle d'habillage, moitié salon, cet espace était décoré en fonction des tendances de la mode vestimentaire. La maîtresse de maison pouvait y recevoir ses amis et pratiquer des activités caractéristiques telles que la couture ou l'art.

Nous n'avons pas tellement changé. Nous apprécions toujours autant les moments

L'éclairage est capital, que l'espace de travail soit petit ou grand. Ici, la lumière du jour est modulée par un store vénitien à larges lames et augmentée par une haute lampe de bureau.

À GAUCHE ET À DROITE : Votre espace de travail peut être aussi modeste que vous le désirez. Il peut se résumer à un simple mur, à un renfoncement ou à un coin tant que l'on peut y loger une table et un siège. Rien d'autre n'est nécessaire, bien qu'une bonne source de lumière naturelle soit utile, tout comme une prise électrique et un système de rangement à portée de main. L'Histoire nous apprend que de grandes œuvres sont nées dans des conditions similaires.

de retrait, et l'idée de bureau reste synonyme de petite pièce chaleureuse, agrémentée de nos objets préférés et reflétant nos goûts et nos aspirations. Dans cet espace à soi, on s'entoure de tout ce qui est utile comme de ce que l'on tient à garder à portée de main. C'est un refuge qui invite à la fois au calme et à la création, et un lieu de paix. C'est un coin où l'on peut être seul, tout en restant à proximité de ses proches, pour écrire, travailler, lire ou simplement penser. Quelles que soient nos envies, l'idée d'aménager une pièce réservée à nos passions personnelles et intimes est toujours aussi séduisante.

Bien évidemment, ce charmant petit refuge n'a pas besoin d'occuper une pièce entière. Il peut être installé dans un lieu destiné à d'autres

Le plus petit des espaces peut devenir un coin privé consacré au travail. Partez à la recherche d'un bureau comme ce « Covet » de Case qui dispose, en dessous, d'un rangement assez large et profond pour conserver les documents dont vous avez besoin.

À DROITE : Une chaise qui se glisse aisément sous le plan de travail, entre les caissons intégrés au meuble, est un atout dans un petit espace. La lumière naturelle renforcée par une lampe de bureau efficace permet de travailler à toute heure.

fonctions : une chambre d'amis ou une salle à manger rarement utilisée. Il est également possible de l'intégrer à une partie plus vaste et fréquemment occupée, ou de le loger dans un recoin vide. L'essentiel est que ce lieu soit perçu comme un espace privé, et pas nécessairement en posant des interdits. Il est préférable de l'isoler de l'agitation générale en l'aménageant à votre image.
Il doit vous correspondre en tous points, à vous et à ce que vous comptez y faire, même s'il vous sert à organiser la vie des autres membres de la famille.

Pour que cet espace personnel soit une réussite, il est important de commencer par

Essayez de créer un lieu destiné à vous correspondre ainsi qu'à vos besoins

définir son rôle. Par exemple, est-il destiné à gagner de l'argent, en dirigeant une entreprise indépendante ou en travaillant pour un employeur basé à l'extérieur ? Grâce aux progrès technologiques qui permettent de communiquer instantanément avec les autres et à la flexibilité des heures de travail, le travail à domicile se développe, encouragé par de plus en plus d'entreprises.

Deuxième cas de figure, vous avez besoin d'installer un bureau chez vous pour gérer différemment votre vie et celle de vos proches : la paperasse, les finances, en passant par la vie sociale du foyer, et tous les

autres éléments de la vie familiale qui prennent tellement de temps.

Pour chacun de ces deux scénarios, le mot « bureau » peut être un frein. Par crainte de concevoir un coin trop sérieux, trop coûteux, trop laid ou trop utilitaire, il arrive que l'on refuse d'introduire le matériel spécifique au bureau dans l'enceinte de la maison. Mais ce n'est qu'un mot, et sachez que cet espace ne sera sophistiqué ou pratique que si vous le souhaitez. Parfois, il est inutile de tout réordonner ou de faire des dépenses : il peut se résumer à votre ordinateur portable et un téléphone posé sur une table près d'une fenêtre. Dans d'autres cas, on peut s'offrir le luxe d'occuper une pièce entière. Réfléchissez à ce qu'il vous faut et à ce que vous

CI-DESSUS, À GAUCHE ET À DROITE : dans un espace de travail, on peut mélanger les éléments pratiques et les éléments plus personnels, tout en restant fonctionnel. Ces deux espaces combinent l'utilitaire strict – les chaises de cuisine ou le tabouret haut de dessinateur – à la chaleur du vieux coffre en bois.

À DROITE : des meubles de bureau professionnels, une chaise Eames ergonomique et un caisson de rangement noir mat forment un contraste intéressant tout en créant un équilibre avec le bois brut des larges panneaux qui recouvrent le mur.

Le bureau ou la surface de travail n'ont pas besoin d'être mis à l'écart, ni repoussés contre un mur, ni camouflés. Un meuble bien conçu comme ce bureau « Pablo » de Porada, peut être positionné avec audace. Ici, il donne sur la pièce et s'affiche de plein droit comme un bel objet.

À GAUCHE ET À DROITE : Même le plus petit coin peut facilement être transformé en espace de travail. Comme un caméléon, ce bureau s'isole de la pièce pour se transformer en joli plan de travail. Derrière la table, un élégant store semi-opaque assorti à l'ensemble se baisse pour cacher le matériel et les dossiers rangés sur les étagères.

ferez de cet espace. Vous n'avez peut-être pas besoin de meubles de bureau traditionnels, souvent plus pratiques que vraiment esthétiques, Il se peut que vous ayez déjà tout chez vous, sans en avoir conscience.

Autre possibilité, vous n'envisagez pas d'installer un bureau mais un lieu de création où développer des projets professionnels à votre compte, ou simplement pour votre plaisir personnel. Autrement dit, vous désirez garder une partie de la maison pour emmagasiner tous les outils liés à votre activité, artisanale ou artistique, afin de ne plus avoir à tout déplacer le soir, quand la vie de famille prend le dessus. Souvent, le charme visuel d'un atelier ne repose pas sur les touches décoratives que l'on ajoute mais sur le matériel lui-même : pelotes de laine, pots de peinture ou rouleaux de tissu.

Dans cet espace personnel, il est possible que vous préfériez vous consacrer, à l'occasion, à ces passe-temps plaisants que l'on nomme des hobbies. C'est là que vous pourrez rassembler les informations et le matériel nécessaire à vos moments de détente. Peu importe. L'essentiel est que, quelque part chez vous, il y ait un endroit qui soit strictement et entièrement à vous. À présent, vous pouvez tourner la page pour vous inspirer de nos idées.

Mobilier

Un espace de travail double, de conception simple et fonctionnelle : un bureau brut face aux fenêtres, sous lesquelles sont placées les étagères. Tout le reste est réduit à sa forme la plus sobre : de la peinture blanche, des lambris de bois au mur et du parquet. Aucun ornement ne vient perturber le calme ambiant.

À DROITE : Un espace destiné à un but précis : un lieu où se réunir, élaborer des projets, discuter. Dans cet espace blanc, le dénuement, la lumière naturelle abondante et les tons pâles des murs et du mobilier appellent à la concentration.

AMEUBLEMENTS & ESPACES

Dans la plupart des cas, il est possible de s'aménager un coin à soi. Après tout, il suffit de remplacer la table de cuisine par un bureau et d'ajouter quelques étagères pour créer un espace de travail. Partez de l'essentiel : l'ordinateur, de bureau ou portable, et le téléphone. Où pouvez-vous les utiliser sans être dérangé ? Que cet endroit soit dépouillé et modeste n'a aucune importance. L'essentiel est qu'en vous asseyant dans ce mini-espace, vous sentiez qu'il vous est réservé.

Rapidement, vous serez plus productif, mieux organisé, et certainement plus créatif. Ce lieu ne doit

Une table de cuisine en pin, aux volumes généreux, aux tiroirs profonds et dotée d'une étagère sous son plateau. C'est un espace de travail efficace, joliment assorti à une chaise unique et originale.

À DROITE : À première vue, ce coin travail est moins conventionnel que personnel, et conçu avec soin. En haut de l'escalier, une table, une chaise, une lampe, des crayons bien taillés et un carnet de notes sont prêts à passer à l'action.

pas exister dans le seul but de répondre à un besoin pratique, comme la gestion des finances ou d'un commerce. Il doit également être satisfaisant d'un point de vue personnel.

Travailler à la maison permet de concevoir l'espace qui nous plaît, et de s'éloigner de l'image conventionnelle du bureau. En installant son lieu de travail chez soi, on peut laisser libre cours à l'imagination,

illy

À GAUCHE ET AU MILIEU : Deux arrangements simples qui montrent qu'en se servant de ce qu'on a, il est facile de créer un espace de travail calme et adapté. Les vieilles tables de cuisine en pin, parfois joliment patinées, disposent de tiroirs intégrés pour ranger les fournitures. Des chaises de cuisine traditionnelles, en bois, agrémentées de coussins épais sont ergonomiques sans le savoir.

À DROITE : Le pupitre « Yves » de Russel Pinch, sculptural et magnifiquement dessiné. Léger et délicat, il a un compartiment à fournitures intégré. Sur la partie supérieure, une lampe d'angle a été posée afin de libérer le plan de travail.

Le calme est aussi important qu'un bon siège et un rangement adapté

et le meubler selon ses envies, qui sont souvent très différentes de ce que l'on trouve dans la plupart des bureaux lorsqu'on travaille à l'extérieur.

Le moment est venu d'évoquer les problèmes d'ergonomie, un mot galvaudé et souvent employé

Bel exemple de conception efficace, cet espace disparaît dans le mur quand il ne sert pas. Un panneau articulé s'abaisse aisément sur la surface de travail et les rangements astucieux. Au-dessus sont fixées des étagères profondes pour les autres fournitures et les dossiers.

À GAUCHE : Une zone de travail aussi discrète que belle, équipée d'étagères profondes, de surfaces lisses, et d'une chaise pivotante qui ne jureraient pas dans une chambre.

pour montrer que celui qui en fait usage a une connaissance professionnelle de la vie de bureau, ou des principes de base de la cuisine et du design. Dans un sens large, il pourrait se définir comme l'art ou la science de concevoir des meubles en fonction de leur utilisation, et de garantir leur efficacité. Est-ce vraiment nouveau ? Après tout, le bureau géorgien à façade rompue a été conçu pour convenir à son utilisateur. Sa hauteur permet de s'installer confortablement. Ses étagères et ses tiroirs sont à portée de main.

Cependant, de nos jours, l'esthétique des meubles semble l'emporter sur l'aspect pratique, ainsi que tous ceux qui souffrent du dos ou de douleurs articulaires peuvent en témoigner. Par conséquent, si l'on veut imaginer un coin bureau en tenant compte de l'ergonomie, il faut s'assurer que la

surface de travail et le siège arrivent à la bonne hauteur, et que tous les objets usuels soient à proximité, facilement accessibles.

Il ne faut pas oublier que les éléments d'un bureau à domicile doivent s'adapter à vous, et pas le contraire. Un peu à l'image du « triangle d'or » de la cuisine, où les points de préparation, de cuisson et de rangement – c'est-à-dire l'évier, les plaques de cuisson et le réfrigérateur/congélateur – sont tous reliés, et assez proches les uns des autres, votre zone de travail doit être aménagée selon des préoccupations similaires.

Pour bien planifier votre espace privé, il est conseillé de dresser une liste de souhaits modulable. En plus des points basiques, comme le plan de travail,

Entourez-vous d'objets que vous appréciez réellement, comme dans cet espace très personnel

À GAUCHE : Dans un contexte global, il est bon de concevoir votre espace personnel comme la partie d'un tout. Dans cet atelier, une planche blanche sur tréteaux est associée à une chaise du XXe siècle, et placée contre un mur, sous une peinture saisissante, dont les tons sont repris par l'immense lampadaire. Un vase massif et des objets décoratifs sont placés sous la peinture : l'esthétique compte autant que l'aspect pratique.

À DROITE, EN HAUT : Totalement adapté à ses fonctions, cet ancien bureau à cylindre n'a besoin que d'une lampe de bureau et d'un siège confortable.

À DROITE, EN BAS : Ce vieux bureau peint en blanc regroupe tout, grâce au placard supérieur pour le rangement les dossiers, et à tous les petits tiroirs essentiels à un lieu de travail.

Assurez-vous que la hauteur du plan de travail et du siège soit adaptée à vos besoins et à votre activité

la chaise et les étagères, songez à tout ce que vous tenez à avoir près de vous, pour des raisons personnelles. En général, quand il est question d'aménagement, une fois le squelette établi, le reste se met naturellement en place.

Répondre à vos besoins est la première des priorités, même s'ils sont différents de ceux du voisin et de votre façon de travailler à l'extérieur. Avant toute chose, vous devez envisager toutes les alternatives. Au lieu de vous concentrer sur le bureau et les étagères, pensez en termes d'espace : probablement un plateau solide à un niveau, de surfaces planes élevées, ainsi que de quelques contenants pour le rangement.

À GAUCHE : Un bureau ou une table non encastrée doivent offrir suffisamment d'espace pour tout le matériel nécessaire, un téléphone, un ordinateur, aussi bien qu'une lampe réglable.

À DROITE : Toutes les chaises de bureau ne sont pas utilitaires et tristes. En cherchant un peu, vous trouverez des modèles ravissants, élégants et qui prendront soin de votre dos.

En ce qui concerne les points essentiels, le plan de travail est l'élément le plus évident. Que vous envisagiez d'insérer un bureau haut de gamme, fabriqué sur commande, ou de recycler une vieille table, l'essentiel est que la hauteur du plan soit adaptée à vos besoins et à vos activités.

Et, bien sûr, votre siège doit également être ajusté. Il est tentant de se contenter d'une vieille chaise, ou de choisir la plus jolie de la maison. En réalité, si vous passez un certain temps assis sans bouger, il vaut mieux opter pour un siège conçu à cet effet. Rester immobile pendant des heures n'est ni naturel ni bon pour vous. Il faut un siège qui soutienne le dos, en particulier les lombaires, zone sujette à ce genre de maux.

De toute évidence, le mobilier que vous choisirez dépend de vos goûts personnels et de la décoration de votre domicile. Un bureau classique, conçu pour cet usage

POINTS ESSENTIELS POUR UN BUREAU CONFORTABLE

* Dans un monde idéal, la hauteur du plan de travail doit être comprise entre 65 et 70 cm en partant du sol; plus si vous être grand.
* Vous devez pouvoir poser vos coudes en formant un angle de 90°.
* L'assise de votre siège doit être à 40-50 cm du sol.
* Les cuisses doivent être à l'horizontal, et les pieds posés à plat.
* Votre dos doit être en contact avec le dossier du siège, et les bras en appui sur la surface de travail.
* Préférez un siège pivotant et ajustable qui soutient les lombaires.
* L'écran doit se trouver dans un champ de vision confortable, soit à moins de 64 cm de vos yeux.

précis, qu'il soit ancien ou moderne, est le luxe suprême. De tels meubles s'intègrent aisément à tous les cadres, et sont donc appropriés si vous ne disposez pas d'une pièce indépendante. Par contre, si vous pouvez occuper une pièce entière, rien ne limite vos choix, hormis vos préférences personnelles et votre porte-monnaie. Ainsi, le bureau de vos rêves peut prendre toutes les formes, une vieille table de réfectoire, une table posée à l'envers en appui sur des classeurs à tiroirs, ou un bureau de directeur ovale ou en L.

Si vous optez pour un agencement relativement conventionnel, de nombreuses enseignes et boutiques proposent des variantes, à tous les prix. Tout comme il existe des gammes de cuisines et de chambres aménagées, on trouve des bureaux complets. Avant de suivre cette direction, réfléchissez à la bonne combinaison d'étagères, de tiroirs et de bureau. Une fois de plus, comme pour la cuisine, il est facile de se laisser aveugler ou de se perdre dans la multitude des choix

À GAUCHE ET AU MILIEU : Le bureau « Covet » de Case est un excellent exemple de bureau contemporain. Non seulement il dispose d'un plan de travail agréable, mais il peut facilement devenir, en enlevant le matériel, une table à manger. Des tiroirs invisibles et peu profonds inclus dans le cadre et le rangement calé entre les pieds font partie de sa conception.

À DROITE : Le plus simple des agencements, le « Portus Walnut » de Russell Pinch associe un bureau bien conçu à des tiroirs. Il est combiné à des unités de rangement accrochées au mur, et à des compartiments modulables, ouverts et fermés.

Le mobilier industriel s'intègre facilement à un coin bureau, grâce à son aspect fonctionnel et amusant. Ici, une table en métal est adjointe à une chaise pivotante ancienne.

À DROITE : Un bureau léger, aérien, presque fragile, associé à une chaise robuste et réglable, constitue un mélange des genres agréable.

proposés. Étudiez la question avant d'investir : allez voir des salons spécialisés, consultez des catalogues ou fouinez sur Internet pour déterminer ce qui vous attire, et ce qui pourrait vous convenir.

Mais avant de dénicher vos meubles, il y aura quelques détours intéressants à faire, parfois pour vous casser le nez. Néanmoins, si le mobilier traditionnel vous déplaît, vous pouvez envisager d'autres solutions comme le recyclage. Les premiers recycleurs, bien avant que ce geste fasse partie de notre quotidien, sont les antiquaires. Les boutiques et les salons d'antiquités sont des trésors à explorer. Parfois moins romantiques, les magasins de meubles d'occasion peuvent regorger de richesses, tout comme ceux qui liquident leurs stocks.

Soyez sélectif et imaginatif : un bureau en bois ayant un air de pacotille mais qui n'en est pas moins solide, qui dispose d'une surface de travail suffisante et de tiroirs profonds, peut être transformé avec quelques coups de pinceaux et de nouvelles poignées.

Parmi les autres lieux de vente à visiter, il y a les vide-greniers et Internet. Cherchez les sites qui rassemblent ceux qui veulent se débarrasser de certaines pièces pour peu ou pas du tout d'argent, comme dans les pages « échange », ou sur des sites comme www.freecycle.org où les adhérents proposent de donner des objets dans leur région. Plus vous passerez de temps à effectuer des recherches, et plus cela sera amusant.

Songez à d'autres façons de dénicher vos meubles de bureau. Souvent, les sources les moins prometteuses cachent des trésors

S'il est nécessaire d'associer différents rangements, cela n'implique pas pour autant de choisir des séries. Jouez sur les contrastes de matières et de genres. Associez les étagères sur pieds aux panières.

À DROITE : Tous les meubles ont été rénovés, comme cette commode à feuilles repeinte et ce fauteuil fraîchement rembourré. Ces éléments restent pratiques tout en étant enrichis d'une touche originale.

RANGEMENTS ET ÉTAGÈRES

Le rangement, en tant que concept, a plusieurs fonctions. Il permet notamment de dégager l'espace, en particulier le sol et les surfaces planes. Son but est d'organiser le matériel d'une manière intelligente et pratique, tout en le rendant accessible. Règle tacite, il y a toujours plus de choses que prévu à ranger, comme tous ces objets que vous aviez plus ou moins oubliés, parce que, avec le temps, ils se sont retrouvés ensevelis. Puisqu'un bon rangement nécessite une approche logique et réfléchie, prenez le temps de penser à ce que vous désirez conserver dans cet endroit et de quelle façon.

Ensuite, il faut réduire au minimum ce que vous souhaitez stocker, surtout les papiers qui, bien que les entreprises parlent d'imprimer le moins de documents possibles, semblent aussi envahissants qu'avant.

Mon mode de tri personnel, qui n'a rien de scientifique et que je tente d'effectuer tous les matins, consiste à réunir tous les papiers, tous les courriers, mais aussi les crayons, l'agenda et le matériel nécessaire à la comptabilité pour les classer en trois piles : « poubelle », « à garder », et « en cours ».

Un bloc de rangement bien conçu est un plaisir à vivre, en particulier quand chaque partie a été pensée, comme ici, en fonction de son but.

À GAUCHE : Si l'espace ne vous permet pas d'envisager un système élaboré, installez une ou deux étagères modulables dans votre zone de travail, là où il y a de la place. Sans oublier la note décorative. Ici, les boîtes sont toutes de la même couleur, mais de tailles différentes.

Si c'est une facture, réglez-la. S'il s'agit d'une invitation, d'un courrier, d'une carte ou d'une demande, répondez par mail, par téléphone ou par courrier. Une fois par semaine (le lundi matin, quand je suis bien organisée), je me penche sur les piles « à garder » et « en cours » pour faire avancer les dossiers. Comme je l'ai dit, cette méthode n'a rien de scientifique, mais elle me donne l'impression de mieux gérer mes affaires et de ne pas me laisser envahir par la paperasse.

Dans le cadre d'un rangement plus permanent, l'idéal est de tout avoir à portée de main, les fournitures en vue et tout le reste caché. Il y a toujours des choses que nous n'aimons pas avoir sous les yeux. Personnellement, je ne trouve pas les ordinateurs et les fournitures courantes attrayantes, et je préfère que le matériel se fasse le plus

DE GAUCHE À DROITE
Les chariots industriels et domestiques existent dans des dimensions, des formes, et des matières diverses, et sont toujours d'une grande maniabilité.

Des étagères compartimentées, conçues pour recevoir de grosses boîtes, permettent d'ordonner agréablement un bureau riche en documents.

Un porte-pots en treillis métallique peut tout contenir : les livres, les papiers, les photos et les bibelots.

Des porte-revues en contreplaqué ou en carton, en quantité suffisante, permettent d'ordonner méthodiquement les livres et le courrier.

CONSEILS POUR TRIER VOS DOCUMENTS : CE QU'IL FAUT GARDER ET COMBIEN DE TEMPS

* Il faut conserver tous les documents officiels de longue durée : les titres de propriété, les polices d'assurance, etc.

* Ensuite, l'argent. Garder tous les relevés bancaires, de cartes de crédit et de frais d'habitation pendant six ans minimum, tout comme les courriers relatifs à vos mouvements bancaires échangés avec votre banque.

* La loi exige de conserver tous les avis d'imposition pendant un certain temps : demandez conseil au service concerné de votre lieu de domicile. Avec ces documents, conservez les bulletins de salaire et justificatifs de revenus. Dans cette catégorie, la règle à suivre est : dans le doute, ne pas jeter.

* Tous les certificats liés à la famille : de naissance, de mariage, de divorce et de décès. Demander des copies prend du temps, parfois de l'argent et n'a rien d'agréable. Les informations médicales doivent également être à portée de main.

* Vos enfants vous remercieront, un jour, d'avoir conservé les bulletins scolaires, les brevets sportifs, diplômes de musique, etc.

* Une boîte métallique, qui ne craint pas les incendies, est facile à trouver et permet de tout conserver en toute sécurité.

discret possible. L'imprimante est logée sur une étagère basse, où elle bourdonne sans me déranger.

Très souvent, le mur d'étagères est la solution idéale. Au mieux, des placards intégrés et quelques étagères visibles. Si c'est trop onéreux, quelques étagères simples occupant toute la surface disponible peuvent tout changer ; en effet, sans rayonnage,

Un espace de travail vaste, et quasi-industriel, s'accorde à la simplicité du système de stockage des entrepôts, comme ce haut mur d'étagères en métal. En rangs, les grandes boîtes brutes prolongent le thème de l'utilitaire.

À GAUCHE : Dans ce bureau pour deux, l'agencement de l'espace, avec ses rangements modulables, permet une efficacité maximale. À noter, les étagères alignées au niveau de l'œil ont des panneaux coulissants qui cachent l'intérieur. À chaque bout, les étagères sont facilement accessibles.

AU MILIEU, EN HAUT : Cet espace de travail rétro et compact est composé d'un bureau vintage impeccable, et de compartiments, destinés à l'origine au tri postal, qui offrent suffisamment de cases pour tout ranger.

AU MILIEU, EN BAS : Simple, peu coûteux, et pratique, ce petit coin bureau est délimité par un classeur à tiroirs étroit placé sur le côté d'un simple plan de travail. Au-dessus, deux étagères sont posées sur des équerres. La simplicité de cet aménagement est soulignée par l'abondance de contreplaqué et de paniers souples.

les livres, les boîtes, les paniers ou les dossiers ne pourront jamais être convenablement ordonnés. Que vous ayez l'intention de gérer vos affaires personnelles ou de diriger une entreprise, sans organisation, tout est vain. Si une seule étagère posée sur des équerres peut faire toute la différence, plusieurs, sur des supports réglables, vous changeront la vie.

Cet espace de travail a bénéficié d'une conception particulièrement soignée afin de devenir un petit coin bureau. Un mur entier est occupé par des étagères, du sol au plafond : c'est la réponse parfaite à tous les problèmes de stockage. De l'autre côté de la fenêtre, un bureau semi-circulaire à deux niveaux permet de tirer parti de tout l'espace qui serait, sans cela, trop étroit.

À DROITE : Facile à réaliser, agréable à l'œil et pratique : ces rayonnages en bois du sol au plafond permettent de tout ranger et, éventuellement, de cacher certains objets dans des boîtes.

economics
SOCIAL COGNITION
THE MIND'S NEW SCIENCE
SPYCATCHER
MOUNTAIN
BAUHAUS
EXTERNAL WORKS

BILL BRYSON
SALMAN RUSHDIE
MR NICE
A SUITABLE BOY
VIKRAM SETH
THE PLANT HUNTERS
THE GRAPE GROWER
William Shakespeare
THE COMPLETE WORKS
LES PAPILLONS DU ZAIRE
ARIZONA
Gauguin
THE ESSENTIAL HOUSEBOOK
COLOUR by design
CREATING A GARDEN
WOOD
ORGANIC
TULIPS
FLORA BRITANNICA
RICHARD MABEY
French Garden Style
NANCY LANCASTER
HIDDEN GARDENS of SPAIN
Gardens of Italy
SECRET GARDENS of LONDON
WILLIAMSON
DEPOSIT

À GAUCHE : Ces étagères sont faites de traverses de chemin de fer et de caisses en bois.

AU MILIEU : Une étagère glissée sous le plan de travail accueille des sacs et des boîtes dépareillées pour tout ranger et éveiller la curiosité.

À DROITE, EN HAUT : Un petit renfoncement est aménagé en bibliothèque, à proximité d'un plan de travail encastré.

À DROITE, EN BAS : Une table ancienne est associée à un classeur à tiroirs et à un siège métalliques. Même les photos et le radiateur reprennent le thème.

Bien sûr, les étagères ne sont pas forcément encastrées. Vous pouvez vous servir d'un meuble, comme d'une bibliothèque pour ranger toutes vos affaires. Elles peuvent être sur roulettes, et déplacées au gré de vos humeurs et de vos besoins. Elles peuvent être fixées au mur, ou sur pieds. Elles peuvent être bon marché ou luxueuses. Le système le plus pratique reste la bibliothèque traditionnelle, avec des étagères en haut, et un placard profond en bas.

À GAUCHE : Dans cette maison, le grenier a été transformé en bureau fonctionnel et pratique. La longue planche qui sert de table, les rayonnages industriels et les boîtes de rangements impeccables, associés à des caissons à tiroirs alignés contre le mur, rendent cet endroit agréable à l'extrême.

À DROITE : Le rêve de l'écrivain : des mètres d'étagères mettant à disposition tous les ouvrages dont on puisse avoir besoin. Le tout est combiné à une table sur laquelle les documents et les dossiers peuvent s'entasser sans limites.

Très souvent, un mur d'étagères est la réponse idéale à tous les problèmes de rangement

Même si vous possédez le meilleur ensemble d'étagères, vous aurez besoin d'un système de classement pour les papiers. Les classeurs à tiroirs sont pratiques, mais ce ne sont pas, par nature, de beaux objets. Si vous ne pouvez pas vous en passer, tentez d'en réduire le nombre à deux et de les glisser sous le bureau, éventuellement pour soutenir la surface de travail. Les classeurs métalliques peuvent être peints à la bombe, de la couleur que vous le souhaitez, ou rafraîchis en apposant du papier peint, du papier cadeau ou du tissu sur la façade.

Par ailleurs, soyez à l'affût de toutes les attaches et pinces originales. Les éléments de rangement destinés à la cuisine peuvent s'adapter au bureau, tout comme ceux qui sont normalement réservés à la buanderie ou à la salle de bains, ou qui sont conçus pour les espaces restreints.

un cas exemplaire

Pour Mark Smith, un architecte d'intérieur basé à Londres, des rangements fonctionnels et élégants sont possibles sans se ruiner.

Dans le bureau de Mark, à la conception soignée mais simple, un plan de travail en bois massif et mélamine repose sur plusieurs caissons de rangement, arrangés de façon à être accessibles du bureau et de tous les points de la pièce. Sur les étagères en bois placées dans un renfoncement, des boîtes en Plexiglas mat permettent de ranger les livres et les papiers, tandis que sur l'étagère inférieure, les magazines sont classés dans des boîtes similaires, placées de dos pour en faciliter l'accès. Des mini-boîtes en plastique transparent sont idéales pour ranger les agrafes, les élastiques et les trombones.

À GAUCHE : Derrière le bureau double, dans le renfoncement niché contre la cheminée, des étagères profondes ont été intégrées pour ranger les dossiers, les livres et les magazines.

AU MILIEU : Des boîtes en plastique peu profondes, disponibles dans les papeteries et les magasins de bricolage, regroupent tous les petits ustensiles et sont agréables à l'œil.

À DROITE : On n'accède à ce chic épuré qu'en tenant compte du charme esthétique et fonctionnel de chaque détail. De la lampe de bureau en métal chromé à l'imprimante, en passant par le pot à crayons, rien ne jure.

VAUGHAN
VAUGHAN
LEATHER
CICERO

LES LAMPES DE BUREAU

Bien que l'éclairage soit un besoin fondamental, la façon dont nous l'utilisons aujourd'hui est différente de celle qui était en cours jadis, quand le choix se limitait à l'obscurité ou à la lumière, vive ou faible. Il est amusant de rappeler qu'au moment où l'électricité a fait son entrée dans les demeures aisées, les dames furent choquées car la lumière révélait nettement leur beauté qui avait toujours été mystérieuse et nuancée.

Désormais, nous savons qu'un bon éclairage fait partie intégrante de la réussite d'une pièce. Il participe également au bien-être. Une lampe qui ne permet pas de voir ce que l'on fait peut provoquer un sentiment de malaise. À l'inverse, des luminaires adaptés et bien

À GAUCHE: Deux lampes anciennes réglables sont posées de chaque côté du bureau, tandis qu'une suspension éclaire l'ensemble.

AU MILIEU : Une lampe d'angle à pince, réglable, est à la fois pratique et adaptable. Avec son fini métallique gris passe-partout, elle est aussi décorative qu'utile.

À DROITE : Avec sa base massive et son abat-jour en métal surdimensionné, cette lampe semi-industrielle est presque un genre à part entière, en plus d'être entièrement fonctionnelle.

agencés offrent une lumière qui correspond aux besoins, et aident à se sentir de bonne humeur, et même stimulé.

Le domaine de l'éclairage contemporain est complexe et varié. Nous sommes loin de l'idée d'une source unique et centrale de lumière – dans le plus simple des cas, les plafonniers – additionnée de quelques lampadaires. Il est devenu sophistiqué, complexe et souvent très beau, et il existe des modèles pour chaque situation, chaque pièce, dont certains correspondent à vos besoins et à vos envies personnelles.

L'éclairage du bureau dépend en premier lieu de sa situation. Fait-il partie d'une pièce plus large, ou est-il indépendant ? Deuxième point, songez aux travaux que vous avez l'intention de réaliser. En règle générale, les sources lumineuses doivent être

À GAUCHE : Dans ce décor digne de la rédaction d'un journal d'époque, le bureau en bois traditionnel, les classeurs et les tiroirs sont éclairés par une lampe de bureau en métal parfaitement assortie au cadre.

À DROITE : La lumière du jour est discrètement filtrée par le store fin, créé par Andrew Martin, composé d'un tissu de soie et de feuilles de banane. Il se lève et s'abaisse grâce à un ruban qui contraste avec la fluidité de l'ensemble. Une lampe de bureau traditionnelle, en métal pour le soir.

Largement éclairé par une grande fenêtre, cet agréable bureau est inspiré du milieu du siècle passé. Un vieux téléphone en Bakélite, une bouteille d'encre et des crayons sont disposés sur le bureau, tandis qu'une haute lampe réglable est posée dans un coin. Des rails en laiton permettant de ranger les petits objets et une chaise à paillage complètent l'ensemble. En partie caché dans ce décor intemporel, l'écran d'un ordinateur est rangé dans une petite bibliothèque intégrée, d'une vie de bureau moderne.

Dans cette pièce, la lumière naturelle permet d'éliminer la lampe de bureau. L'éclairage n'est pas nécessairement utilitaire. Ici, il est fourni par un chandelier en gouttes d'eau qui s'agrémente de bougies.

À DROITE : Des appliques choisies avec soin peuvent suffire à libérer de la place sur le plan de travail. Dans cette maison en bord de mer, ces deux lampes semblent avoir été taillées dans des bouts de bois échoués sur la plage. Les abat-jour en paille sont garnis de brins champêtres.

variées. Des lumières d'appoint doivent s'ajouter à l'éclairage d'ambiance, chacune ayant pour but de renforcer la source destinée à vos occupations. À chaque activité correspond un type d'éclairage. Par exemple, dans le cadre d'un travail de bureau, l'éclairage est tout aussi important, voir plus, que la table et le siège ; et si vous faites quelque chose de plus minutieux, comme de la peinture ou de la ferronnerie, il peut être nécessaire d'orienter plusieurs lumières sur votre ouvrage.

Ainsi, dressez une liste précise de tout ce que vous allez faire dans ce lieu, qu'il s'agisse de lire, d'écrire, ou de réaliser des œuvres artisanales. Dans ce cas, aurez-vous besoin de plusieurs types de lumière correspondant à chaque activité ?

Point important, les sources de lumière doivent être variées. Il faut associer les lampes d'ambiance à des éclairages plus spécifiques

Si vous disposez d'une lumière naturelle, vous démarrez avec un avantage. C'est la meilleure de toutes. Dans ce cas, analysez-la : pas seulement sa quantité, ou la largeur des fenêtres qui donnent sur votre espace de travail, mais quelle est l'orientation de la pièce, la lumière est-elle chaude ou froide, dure-t-elle toute la journée ? Si vous avez le choix, positionnez votre espace de travail le plus près possible de sa source. Même si elle est bonne, mais limitée par définition, il faut songer à ajouter un éclairage artificiel,

Dans cette pièce, la lumière naturelle abondante est filtrée par des stores vénitiens. Une lampe d'angle fixée au plateau offre un éclairage facilement dirigeable.

ne serait-ce que pour les jours de mauvais temps et pour le soir. Vous allez avoir besoin d'un store, pour réguler l'intrusion du soleil. Assurez-vous que le bureau soit placé de façon à ce que la lumière ne tombe pas directement sur l'écran de l'ordinateur. Pour les activités minutieuses, il est préférable de choisir une lampe de bureau directionnelle, orientable. La disposition de la lumière ne doit jamais créer de zones d'ombres sur le plan de travail.

Les types de luminaires sont trop nombreux pour en dresser la liste dans cet ouvrage, bien que pour de nombreux artistes et écrivains, la lampe d'angle traditionnelle reste le choix numéro un. Dans ce domaine, l'Anglepoise est le modèle classique de référence. Produite pour la première fois en 1933 par George Cawardine, sa forme de base imite l'articulation du bras humain. Elle a inspiré de nombreuses versions contemporaines, aussi belles que pratiques. De plus en plus fréquemment, les designers produisent des luminaires spécifiques faits pour travailler en tandem avec un ordinateur. Elles ont la hauteur d'une lampe de bureau traditionnelle, mais une tête

Dans cet atelier, un éclairage ponctuel surplombe la zone du plan de travail. Originale, cette lampe surdimensionnée industrielle suspendue à un crochet et une poulie. Attachée à un pied du bureau, cette lampe peut s'abaisser ou se relever à volonté.

Un travail minutieux et intense appelle un éclairage spécifique, modulable au maximum.
Ici, ce sont trois lampes d'angle réglables qui peuvent servir individuellement ou en groupe pour éclairer différentes parties des plans.

Quand plusieurs personnes doivent collaborer, il est essentiel d'avoir suffisamment de lampes pour tout le monde. Relativement bon marché et discrets, ces luminaires donnent un air luxueux au plus simple des espaces.

À GAUCHE : Vaguement inspirée des modèles réglables du XXe siècle, cette lampe d'angle de Babylon Design, d'une fragilité aérienne, associe mécanique de précision et électronique de pointe.

À DROITE : Dans ce bureau, ce lampadaire d'une beauté simple de Babylon Design côtoie d'autres lampes aux dimensions et aux fonctions variées, pour plus de souplesse.

La lampe Anglepoise, belle et pratique, existe dans des versions contemporaines faciles à trouver

en ellipse, pivotante et étroite distribue la lumière sur toute la surface de l'écran.

Les appliques murales, en particulier si elles sont directionnelles ou d'angle, sont un autre moyen d'illuminer un point précis tout en libérant de la place sur le bureau. S'il y a des étagères au-dessus de votre surface de travail, vous pouvez envisager d'avoir recours à des lampes de cuisine sur rails. Il ne faut jamais négliger les luminaires destinés à la cuisine ou à la chambre. Les bras réglables, fixés au mur, parfaits pour la lecture, sont très pratiques et facilement réglables.

Pour les espaces qui manquent de prises de courant, il existe des lampes de bureau, à poser sur le plan de travail ou sur pied, qui fonctionnent à l'énergie solaire. Elles sont idéales dans un espace qui bénéficie d'une lumière naturelle abondante, ou dans un atelier donnant sur un jardin.

Quand l'accent doit être mis sur l'éclairage orienté vers le plan de travail, votre espace personnel sera d'autant plus agréable s'il dispose de luminaires qui ne sont là que pour le plaisir. Associez-les, et placez-les dans des coins où leurs particularités seront mises en valeur. Tout cela peut participer à la création d'un espace privé idéal.

EAST MEETS WEST
DUMONT
CRAFTY CONTAINERS
The Curtain Design Source Book Caroline Clifton-Mogg
sensual home
PURE STYLE
THE FASHION HOUSE
INSIDE THE HOMES OF LEADING DESIGNERS
LISA LOVATT-SMITH

DÉCORATION

Que votre bureau soit indépendant ou intégré à une pièce plus vaste, sa décoration doit permettre de le démarquer en douceur du reste des activités de la maison, mais également de vous inspirer. Ne lésinez pas sur la décoration, ce qui ne revient pas à vous demander d'investir financièrement de manière excessive. Mais avant toute chose, un lieu de travail devrait – non, doit absolument – être pour vous une source d'inspiration. Et plus sa décoration vous correspondra, plus elle vous plaira et plus vous serez inspiré. Prenons l'exemple des images accrochées au mur. Ne serait-ce pas agréable d'avoir, dans l'espace où vous travaillez au quotidien, votre photo préférée ? Pourquoi ne pas créer une mini-exposition autour de vous ? Et ce bibelot en porcelaine hérité de votre grand-mère, et qui n'a de valeur que pour vous, ne devrait-il pas aller sur une étagère, près de vous ? Même si ce lieu est destiné au travail, il doit également accueillir tous les biens précieux, ainsi que les cartes postales, les livres et tous les autres objets que vous chérissez particulièrement.

Évidemment, les couleurs dominantes de votre espace sont essentielles à votre bien-être. Même si vous voulez créer un bureau, et pas un atelier, il n'est pas nécessaire de s'en tenir à une palette de tons neutres que tous les chefs d'entreprise et architectes adoptent dans le monde du travail. Il se peut que vous soyez du genre à être stimulé, inspiré par des couleurs vives. À l'opposé, il est possible que vous préfériez le calme et les couleurs douces qui permettent à votre créativité d'émerger paisiblement. La couleur ne s'arrête pas

L'idée est simple mais efficace. Derrière la table de travail, et donc à portée de main, un fil a été tendu d'un bout à l'autre du mur, pour accrocher tous les objets utiles et décoratifs.

Bien que cet espace soit destiné au travail, c'est là qu'il faut conserver les objets qui vous sont chers

À GAUCHE : Mini-symphonie de blanc, avec une touche de chrome glamour et une chaise en cuir blanc, cet espace simple mais harmonieux s'appuie sur un papier peint au graphisme fort pour égayer l'espace situé derrière le bureau. Le point de départ est : à petite dose, ce qui vous fait envie est bon pour vous !

SEVILLA

Dans l'angle d'une pièce minimaliste peinte en blanc, derrière ces tréteaux, le mur est devenu une zone d'inspiration. C'est en même temps un tableau de souvenirs occupé par des dessins d'enfant, des croquis, des cartes postales, et même de petites empreintes de mains et de pieds.

À GAUCHE : Cette table est un espace personnel réussi, grâce au mur décoré librement de jolies cartes postales comme d'échantillons de tissu. Sur le côté, un rideau aux tons vifs permet de cacher les étagères pleines de dossiers.

aux murs. Envisagez de l'appliquer sur les meubles pour raviver en un instant une table standard ou une commode terne. Peindre n'a rien de difficile, et c'est probablement la première option à envisager. Mais le tissu permet également d'égayer des coins biscornus, ou le dessous d'un escalier. Cette option ne s'arrête pas au tissu d'ameublement. Choisissez une étoffe qui vous inspire : du tissu découpé dans un

À GAUCHE : Ce bureau ordonné présente tous les avantages souvent recherchés quand on travaille chez soi. Un meuble spacieux et agréable, doté d'une lampe réglable et des rangements pratiques. Un mur à idées reçoit les croquis, les dessins et les photos. Et surtout, la fenêtre donne sur un jardin en perpétuel changement.

À DROITE : Une pièce intégrée à un jardin est souvent perçue comme la meilleure solution pour se retrouver. À proximité, tout en étant séparée, la vie domestique suit son cours. Sans s'éloigner de sa famille, on peut bénéficier d'un paysage serein et vivant.

joli châle à franges, un sari en soie, ou une grande écharpe à imprimé léopard.

Vous pouvez vous amuser à détourner des récipients pour ranger toutes les petites choses qui entrent dans la vie d'un lieu de travail. Des tasses de différentes tailles pour classer les stylos, les crayons, les pinceaux,

Si votre fenêtre donne sur un jardin, aucune autre distraction visuelle n'est nécessaire

etc. Des caisses de Bordeaux estampillées du logo d'un château feront un bel effet, tout en permettant de ranger beaucoup de choses. Des boîtes décoratives – en bois, en porcelaine, en métal – pour les petites fournitures. Et trouvez une place réservée aux téléphones, les fixes et les portables.

Réserver un point aux téléphones permet de ne plus avoir à les chercher sous les papiers qui recouvrent le plan de travail. Une boîte sans couvercle, une tasse, un contenant qui vous plaise et qui puisse tous les contenir, vous évitera de perdre du temps à les chercher partout à chaque appel.

un cas exemplaire

Neisha Crosland est l'une des créatrices de textiles les plus influentes du moment. Dans sa maison claire et spacieuse de Londres, elle aime créer dans une vaste pièce dominée par d'imposantes fenêtres.

Neisha est un maître, ou une maîtresse, du motif en deux dimensions. Cette créatrice de tissus développe son talent dans plusieurs domaines : le tissu, mais également le papier peint, la papeterie, les tapis, les carreaux, en passant par les sacs à main. D'un tempérament ordonné, elle s'inspire principalement de motifs naturels, car elle aime « la façon dont la nature s'agence spontanément, dans les feuilles, les pétales et les étamines. » Dans son bureau, à la place d'un mur à idées, elle a préféré poser un haut miroir au sol, derrière sa chaise. Le cadre est entièrement recouvert de tout ce qui l'inspire, de cartes postales de peintures, de morceaux de textiles anciens, ou encore d'exemples de motifs qui lui semblent intéressants. En plus d'être une source d'inspiration, cet élément participe, au même titre que tout le reste, à la tranquillité de cette pièce simple et lumineuse.

Dans le repère de Neisha Crosland, la lumière du jour, tempérée par des stores vénitiens transparents, envahit la pièce. Bien que les sources d'inspiration soient partout présentes, tout répond à un ordre précis : le miroir de grandes dimensions appuyé contre un mur, derrière le bureau, sert de cadre géant à un assortiment de cartes et, au niveau des yeux, posés sur une série de placards bas, quelques photos sont agréablement exposées.

BRAVE
Y-3
AKG

les espaces

1001 Walks
HIP HOTELS
HIP HOTELS
NOTHING

À GAUCHE : Élégant et sophistiqué, tout en étant fonctionnel et très pratique, ce bureau est dominé par le mur de rangements à la fois beau et intelligent, où chaque chose a sa place.

À DROITE : La disposition de ce bureau en L, permet d'avoir suffisamment de rangements à portée de main dans un lieu de travail modulable et intelligent.

LE BUREAU À DOMICILE

De nos jours, on envisage aussi naturellement d'installer un bureau chez soi que de concevoir la cuisine comme le cœur de la vie domestique. Cependant, les différents équipements technologiques ont impliqué des changements énormes dans l'organisation de la maison. Dans la plupart des

THE NEW YORKER

BRANDO
BRANDO

Une estrade délimite un espace contemporain. La baie vitrée offre une vue panoramique de Los Angeles, le bureau en longueur est à la mesure de la vue, et le siège de travail fait écho à un fauteuil de détente. Ajoutons des étagères nombreuses, et des lampes directionnelles haut de gamme. Grâce à cette combinaison, on a l'impression de dominer le monde.

Dans le coin de ce bureau, un rideau à lames isole et diffuse la lumière du jour qui inonde l'espace de travail en L. L'aspect fonctionnel des éléments de bureau est équilibré par les objets décoratifs, le ventilateur à pales et la suspension plongeante.

À DROITE : Une symphonie de bois, avec ce bureau en bois verni et ce placard années 50 de style scandinave. Leurs lignes nettes dans cet espace ouvert sont aussi séduisantes et pratiques aujourd'hui qu'ils l'étaient au moment de leur création.

foyers, il est nécessaire de réserver une place à l'ordinateur, d'où l'on commande toutes sortes de biens et de services. De plus, il permet de régler les factures, de gérer les comptes en banque, de réserver les vacances. Et de toutes ces transactions, il faut conserver des traces, ainsi que les coordonnées et références de tous ces contacts. Même si ces pratiques sont faites pour nous simplifier l'existence, avoir un coin bureau est devenu essentiel.

Dans ce chapitre, nous partons de l'idée que tout le monde a la chance de pouvoir libérer une pièce entière. Avoir une pièce à soi, totalement à soi, est un privilège, si réduite soit-elle. En fait, ce n'est pas une question de dimensions. Dans certains cas,

Pour que le travail soit un plaisir, planifiez soigneusement l'agencement de la pièce, en intégrant des classeurs à tiroirs, un bureau et un ordinateur

il est même préférable que cet espace soit modeste puisqu'il sera plus simple de le démarquer du reste de la maison. Dans l'histoire, la bibliothèque, ou salle d'étude, était un lieu intime, où tout ce dont on pouvait avoir besoin, ou envie, était immédiatement accessible, gardé derrière une porte close.

Dans ce bureau raffiné et intime, tout est confortable et élégant, de la lampe classique à la chaise, en passant par le meuble noir laqué.

Le secret d'un bon bureau à la maison est de combiner le confort, les meubles multifonctions et un système de rangement élégant, sans oublier les touches décoratives. Chaque élément est à sa place, sans écraser les autres. Sauf le chat.

un cas exemplaire

Bien qu'il soit difficile d'atteindre la perfection, cet espace de travail pour deux personnes – Ingrid et Avinash Persuad – s'en rapproche au maximum.

Dans ce bureau contemporain lumineux, clair, spacieux, et baigné de lumière naturelle, le style intelligent s'associe aux rayonnages bien pensés afin que deux personnes puissent travailler sans déranger l'autre. Le désordre, qui tend à s'accroître quand on est deux, est contenu derrière les volets roulants qui cachent le matériel essentiel mais pas toujours bien rangé.

CI-DESSUS : Des étagères abondantes, profondes et larges, permettent de classer les ouvrages de référence à portée de main.

CI-CONTRE : Composition quasi sculpturale, ce mur de neuf pendules domine deux sièges à bascule Eames pour s'asseoir confortablement tout en profitant de la vue.

Le plan de travail, suffisamment long pour deux personnes, dispose de rangements dans la continuité qui peuvent être fermés, ainsi que d'étagères facilement accessibles. Sur un côté, des dossiers assortis sont rangés dans une niche.

La meilleure pièce pour installer un bureau est celle qui ne sert à rien. Hélas, de nos jours, une telle perle est rare, hormis dans les vieilles maisons de campagne. Il est donc nécessaire de réorganiser une pièce ou d'en créer une nouvelle.

Si vous envisagez de transformer une pièce, la première solution est souvent la chambre d'amis : située au cœur de la maison, elle dispose de l'électricité, d'un mode de chauffage, et d'une porte qui doit – normalement – se fermer. Que demander de plus ? Pas grand-chose, sauf pour tous ceux qui préfèrent continuer à réserver cette pièce aux invités et qui tiennent à ce qu'elle reste une chambre.

CI-DESSUS : Exemple parfait d'une pièce conçue pour refléter la personnalité de ses propriétaires : un sens de l'ordre et de l'équilibre domine, ainsi qu'un sentiment de précision et de contrôle.

À DROITE : Original et personnel, cet espace de travail propose tout le nécessaire rangé dans des caisses en bois, et des boîtes qui accueillent les livres et les objets lourds.

Cela n'ira pas, mais pour les autres, il faut prendre garde à ne pas la convertir qu'à moitié. Soit vous vous débarrassez du lit et laissez vos amis se trouver un autre endroit pour dormir, soit vous isolez la partie bureau grâce à des rideaux, un paravent, ou un meuble, soit vous installez un système de rangement agréable mais discret pour ranger

votre travail et vos documents quand les invités arrivent. Examinez l'idée d'investir dans un bon canapé-lit qui donnera à votre bureau un air plus professionnel.

Il est probable que l'espace n'existe pas encore en tant que pièce traditionnelle, et qu'il doive être défini, étudié et rénové. Il peut s'agir d'un grenier ou de combles, suffisamment hauts de plafond pour tenir debout, et qui n'exigent pas trop de travaux. À moins que vous n'ayez un débarras ou un sous-sol qui n'ait jamais été habité ? Ou, éventuellement, un garage qui puisse être rénové à moindres frais ?

Plus vous serez entouré d'effets personnels, mieux vous vous sentirez

Pour plusieurs raisons, un grenier semble idéal. Au sommet de la maison, à l'écart des bruits et des activités du quotidien, il garantit de travailler dans le calme. Certains greniers sont mieux que d'autres : il faut étudier les fenêtres et la hauteur

À GAUCHE : Dans la tradition des bibliothèques d'antan où l'on conservait les objets auxquels on tenait, ce bureau de collectionneur contemporain est rempli d'objets inhabituels, certains de valeur et d'autres insolites, mais tous intéressants. Chaque élément a une place attitrée et est à son avantage.

CI-DESSUS : Dans un coin de la pièce, il y a des objets à tous les niveaux : de cette chaise en bois Arts and Crafts aux livres reliés en cuir, en passant par les photographies anciennes. Bien qu'ils soient tous de tailles différentes, l'ensemble forme une composition harmonieuse.

centimètre carré, en particulier pour aménager des rangements intelligents. Certaines reconversions ne nécessitent aucune autorisation, mais il est très important de vous renseigner sur la réglementation, et de savoir si, par exemple, il faut renforcer le plancher.

Le sous-sol est une autre option parfaitement envisageable. Là aussi, un permis de construire n'est pas toujours indispensable, à moins d'ajouter des portes ou des fenêtres. Renseignez-vous. Néanmoins, la ventilation, l'isolation et l'imperméabilisation sont nécessaires, tout comme – souvent – l'air conditionné. De préférence, consultez un professionnel, ainsi qu'un spécialiste en

Autant que possible, installez votre bureau dans un coin calme, à l'écart de la vie domestique et du bruit

sous plafond. Plus elle est élevée, mieux c'est. Même si vous êtes capable de réaliser les travaux nécessaires, dans le cas d'une pièce ancienne, demander à un menuisier de rattraper les angles biscornus est conseillé. Ainsi, vous pourrez profiter de chaque

À GAUCHE : Dans le coin d'une zone lumineuse, au dernier niveau d'une maison, une organisation intelligente permet d'avoir tout le nécessaire dans un espace simple mais complet. Le bois peint en blanc, y compris le sol, procure une impression d'espace.

À DROITE : Dans ce coin aéré, calé sous le toit, un petit espace de travail bien pensé a été aménagé dans une ancienne usine. La lampe de bureau est accrochée à l'ancien système de poulie. Il reste juste assez de place pour la table et la chaise, les portes-fenêtres extérieures et intérieures apportant toute la lumière possible.

À GAUCHE : Même dans les bureaux les plus modestes, les étagères trouvent leur place. Dans la plupart des espaces, vous n'aurez besoin de rien de plus pour créer un lieu de travail pratique. Dans la partie inférieure, des cloisons divisent les étagères en compartiments pour ranger les petits objets dans un coin chaleureux.

À DROITE : Si beau soit ce coin bureau, son mur extérieur est accaparé par la fenêtre, ce qui complique le rangement. Pour faire de la place, on a construit des étagères qui s'élèvent jusqu'au plafond. Une échelle de bibliothèque permet d'accéder aux livres rangés sur les dernières étagères. L'emplacement du bureau et de la chaise permet de bénéficier de la lumière naturelle.

aménagement des sous-sols. Dès que des changements radicaux sont prévus, c'est beaucoup plus sage.

Puisque les voitures modernes résistent assez bien aux intempéries, vous pouvez libérer le garage pour installer un lieu de travail. De plus, le garage sert souvent à entreposer toutes sortes d'objets inutiles soi-disant importants. Transformer une partie, voire l'ensemble, du garage en bureau ou en atelier, en particulier si vous avez du matériel volumineux, peut satisfaire des besoins physiques et économiques.

Avant de convertir un garage entier, il faut se pencher sur les tâches administratives préalables, comme rechercher d'éventuelles clauses restrictives liées à vos activités, et qui limiteraient les modifications, ou voir s'il faut un permis de construire pour ajouter des fenêtres ou changer les portes. Dans la plupart des cas, ce type d'aménagement se fait sans complications.

Pour ceux qui veulent suivre la tendance en créant un lieu utile à partir d'un espace quasi inexistant, pensez à la cabane de jardin. Néanmoins, la prudence s'impose,

La simplicité est toujours la meilleure des politiques. Ici, un long mur de placards allant du sol au plafond permet de ranger le matériel tout en dégageant l'espace de cet atelier de créateur de Stockholm, qui ne connaît pas le désordre. À chaque table, une chaise d'un classicisme moderne : la Wishbone de Hans Wegner, et la 3117 d'Arne Jacobsen.

car un abri de jardin n'a rien d'un bureau tout prêt. Pas isolé et érigé sur un sol brut, il est terriblement humide, très chaud en été et trop froid en hiver. Les nouveaux bureaux de jardin, plus proches du pavillon d'été que de la remise, sont souvent préconstruits, recouverts de bois, bien isolés, parfois équipés de double vitrage. Ce marché est si développé que même les modèles les plus modestes ont tout ce qu'il faut. Il n'y a plus qu'à installer l'électricité, en tirant un câble de la maison principale. Ils sont dotés d'un parquet, et meublés d'étagères, ainsi que d'un bureau au besoin. On s'y rend à pied, rapidement, tout en devant sortir

La plus basique des pièces établie dans un jardin peut facilement être séduisante et attrayante. Ici, le parquet est brut, le mur de lambris est peint et un rideau pend devant la fenêtre. Une vieille table, une chaise et quelques portemanteaux équipent le lieu du nécessaire, mais avec une lampe de bureau originale, une radio, du matériel de tricot dans un panier et une pile de livres, rien ne manque.

À DROITE : Tout en haut, sous le toit, a été aménagé un bureau spacieux et fonctionnel qui associe efficacité et imagination. Une table en bois robuste, une chaise toute aussi solide et une table annexe pour tout entasser sans rien cacher sont combinées à une lampe de bureau élégante, et pour le plaisir, à un étonnant candélabre.

de chez soi. Il existe d'énormes variantes de prix et de styles, du rustique, avec la véranda à l'ancienne, au contemporain, presque futuriste. Et son plus grand atout : aucun permis de construire n'est requis, bien que, comme toujours, il soit préférable de se renseigner à la mairie de son domicile.

Où que vous décidiez de vous installer, l'impression de vous couper de la vie domestique – psychologiquement et physiquement – est essentielle. Autre point important, votre nouvelle zone doit être en ordre. Un espace privé doit être satisfaisant pour l'âme, et c'est impossible dans le

Si vous envisagez d'investir un petit espace, l'ordre et la simplicité de l'environnement sont importants. Ici, ces points ont été respectés en rangeant presque tout derrière des portes, et en respectant une unité chromatique.

À DROITE : Le moins prometteur des espaces peut être converti en espace de travail commode. Ce bureau fait partie d'une maison aménagée dans une ancienne écurie, très haute de plafond, et sans cloisons. Pour diviser l'espace, des mezzanines ont été créées à différents niveaux, dont l'un accueille ce bureau. Le sol a été recouvert d'un composite de résine et de marbre, en souvenir d'une maison sur la plage.

désordre. Si l'organisation est rarement un geste naturel, l'ordre n'est pas pour autant un luxe. C'est une nécessité et dans tous les endroits où l'on brasse du papier, il faut ranger régulièrement. Plus vous serez organisé, moins vous aurez besoin de place. La première chose est d'établir quelles sortes de documents, de dossiers, etc., vous devez garder près de vous. Ensuite, il reste à décider à quel endroit précis les ranger. Pas seulement « dans cette pièce, quelque part », mais où, précisément. Les informations utiles au quotidien doivent rester à proximité. Le reste, qui est moins souvent nécessaire, sera stocké un peu plus loin, mais en restant facilement identifiable. Les

La plupart des espaces intérieurs et extérieurs à la maison peuvent être aménagés en bureau pratique et charmant

espaces bien rangées tendent à le rester, tandis que le fouillis ne fait que croître. Nous avons tous tendance à ajouter des papiers sur une pile en désordre. Mais plus la pile sera haute, plus vous aurez du mal à la réduire.

Une fois que vous aurez défini votre nouvel espace, demandez-vous comment – et avec quoi – vous allez le meubler. En

Ce bureau chaleureux a été aménagé dans une maison de campagne rustique, l'endroit idéal pour travailler paisiblement, chaque centimètre carré étant occupé par les bibliothèques qui montent jusqu'au plafond, et en dessous, par des placards et des tiroirs profonds. Il reste juste assez de place pour le bureau, un guéridon et une chaise.

QUELQUES REMARQUES SUR LE BUREAU À LA MAISON

* Si vous dirigez une entreprise de chez vous, et que vous envisagez d'y tenir des réunions, il est psychologiquement important de positionner le bureau face à la porte, et non pas face à un mur.
* Analysez vos besoins en rangements avant d'aménager le bureau, en vous assurant qu'il y ait une place pour chaque élément nécessaire, autour de vous.
* Il n'est pas indispensable de respecter des gammes de couleurs douces dérivées du magnolia. Cherchez les couleurs qui vous touchent, et qui sont stimulantes et paisibles.
* Le néon au plafond est à proscrire. Éclairez plutôt l'espace avec des lampes de bureau combinées à des éclairages d'ambiance plus doux.
* Prenez le temps de chercher la bonne lampe de bureau qui corresponde à votre aménagement, mais qui soit également un bel objet.
* Vérifiez l'existence de prises de courant en nombre suffisant pour tout votre équipement. Rien n'est plus agaçant que de devoir débrancher un élément pour en brancher un autre.
* Un téléphone s'impose. Vérifiez la présence d'une prise téléphonique ou d'un téléphone sans fil accessible. De même, pour Internet, vérifiez la compatibilité de la prise ou de l'accès au wi-fi.

Dans une maison des plus minimalistes, une zone de travail a été aménagée de façon à tirer profit de l'abondance de lumière naturelle. Le mobilier a été choisi avec soin : un bureau provenant d'un château suédois, une chaise trouvée dans une vente aux enchères, et une lampe de bureau, un modèle classique des années 50 signé Arne Jacobsen.

À DROITE : Dans ce lieu de contemplation, on prend le temps de réfléchir. C'est l'avantage de l'espace qui n'est réservé qu'à soi. C'est un endroit qui ne requiert aucun aménagement coûteux, rien qu'un plancher peint et des murs blancs.

général, les activités artisanales ont des besoins spécifiques qui dictent l'agencement des lieux. Par contre, créer un bureau est légèrement plus complexe. Le premier souci est probablement d'éviter de reproduire des aménagements de bureaux que vous avez connus à l'extérieur. Cet espace est le vôtre, et la façon dont les entreprises conçoivent les leurs n'a pas besoin d'être reproduite à la maison. Même si l'ordinateur, l'imprimante, le fax, etc., sont importants dans l'aménagement d'un bureau, vous pouvez les placer sur des étagères ou derrière une porte, car il n'est pas nécessaire qu'ils occupent le centre de la scène. Dans tous les bureaux, on retrouve les mêmes fournitures de base, mais en dresser la liste serait à peu

Dans le bureau idéal, il faut se sentir coupé de la vie domestique. C'est vital

près aussi utile qu'une liste de courses : les oublis domineront. De plus, chacun a ses préférences. Au moment où j'écris, de nouveaux produits sont inventés, fabriqués et commercialisés dans le but d'améliorer la productivité. Les catalogues et les points de vente spécialisés proposeront facilement les nouveautés utiles et faites pour vous.

Dans cette pièce, deux fonctions se combinent avec bonheur : en partie chambre d'amis avec un canapé-lit, en partie bureau avec un système de tiroirs astucieux et d'étagères incrustées qui garantissent une place à chaque chose.

ESPACES PARTAGÉS

Si vous travaillez chez vous et que vous n'avez pas la place de réserver une pièce entière à votre activité professionnelle, essayez de trouver l'endroit où vous aurez le moins de chance d'être dérangé, où vous pourrez vous concentrer sur votre travail. Dans de telles circonstances, il est d'autant plus important de séparer la vie professionnelle de la vie personnelle dès que le besoin s'en fait sentir. D'un point de vue psychologique, prenez conscience que pour occuper une partie de l'espace partagé dans un but professionnel, vous, comme les autres membres de votre famille, devez voir ce coin comme le vôtre,

CI-DESSUS : Dans l'angle d'une pièce animée, le bureau est calé contre un élément de séparation qui dispose de rangements derrière des portes coulissantes, ce qui rend toute cette zone parfaitement autonome.

CI-CONTRE : Dans cet appartement londonien, le salon élégant est combiné à un coin bureau pratique, conçu dans le même style sophistiqué que le reste de la pièce. Une partie de la fenêtre est en carreaux opaques, qui apportent à la fois intimité et lumière. Derrière un canapé, un bureau et une chaise ont trouvé leur place.

de la même façon que s'il s'agissait d'une pièce fermée. Car en fait, tout, à l'exception des murs et des portes, est à vous, même si cet espace est minuscule ou bizarrement situé. Il est important que tout le monde en soit clairement conscient.

Si vous envisagez d'aménager votre bureau ou votre atelier dans le salon, et qu'ainsi votre plan de travail devienne un élément de la pièce familiale, le plateau du bureau doit être reconnu comme sacré. Il ne doit accueillir que vos objets, et en aucun cas les tasses, les livres ou les journaux des autres. Si possible, tournez votre bureau,

CI-DESSUS : Au bout d'un couloir, un petit espace a été aménagé en bureau étroit mais bien conçu, avec d'un côté des étagères hautes, et de l'autre, un bureau pour deux personnes.

À DROITE : Dans un lieu de passage, ce petit bureau offre une base de travail où l'on peut déposer du matériel et ranger quelques affaires.

Dans un coin, près d'une fenêtre, à moitié caché par un rideau, a été installé un espace de travail. Le bureau et la chaise ayant été peints dans les mêmes tons neutres que le restant de la pièce, l'anonymat et la discrétion sont garantis.

Dans un autre coin mort, entre deux fenêtres, un bureau et une chaise « Grand Prix » d'Arne Jacobsen forment un ensemble vibrant, mystérieux et décoratif que complètent des tissus, des masques et des objets africains.

et les meubles associés, vers la fenêtre. En plus de vous procurer de la lumière, le cadre créé par la fenêtre autour du bureau donne visuellement l'impression de délimiter l'espace, ou de le séparer du reste, même si la pièce sert à d'autres activités.

Une ouverture sur l'extérieur fera immédiatement la différence, tout en marquant visuellement votre territoire. Sans coupure architecturale entre les deux zones, vous risquez de vous fondre dans la pièce, en reprenant son style et ses couleurs, par peur des contrastes malencontreux. Choisissez un style qui, s'il n'est pas

À GAUCHE : Ce coin généralement oublié, à côté de la cheminée et sous la fenêtre, est trop petit pour des meubles traditionnels, mais parfait pour un secrétaire et une élégante chaise peinte en bambous.

À DROITE : Ce qui pourrait facilement être pris pour un vestiaire doté d'une fenêtre a été aménagé en petit espace de travail adapté à ses fonctions.

vraiment le même, s'intégrera dans la globalité, et essayez de trouver des meubles qui fonctionnent également dans le contexte général, un bureau qui soit également une table, ou un élément décoratif dont la présence se justifie.

D'un autre côté, si la pièce est assez vaste – ne tentez pas de diviser une petite pièce, vous n'obtiendriez que deux recoins inconfortables –, vous pouvez avoir envie de démarquer physiquement la zone de la façon qui vous plaira. Si vous avez la chance de vivre dans un loft lumineux ou un hangar aménagé, vous pouvez faire construire un muret autour de votre espace, à angles droits par rapport au mur structurel, de façon à former en L. En plus de son intérêt architectural, cette option offre un peu d'intimité en cachant l'espace de travail et en laissant la place à un bureau spacieux ainsi qu'à des rangements dans la partie interne du L. La face externe du L peut être décorée

Dans un loft de Manhattan, un demi-mur a été construit de façon à pouvoir isoler le bureau. À l'intérieur de cet espace, de nombreuses étagères permettent de tout ranger, et le bureau occupe toute la longueur du mur.

afin de mieux s'intégrer dans la pièce, en fixant des tableaux ou bien en calant des meubles contre ce mur.

Si une telle structure vous semble trop permanente, il existe d'autres solutions dont la première, et la plus simple, est le paravent. Léger, modulable et généralement décoratif, il fonctionne comme une barrière autant psychologique que décorative. Il existe tellement de styles de paravents, de l'ancien au contemporain, que vous trouverez aisément celui qui vous convient. Vous pouvez même le fabriquer avec des panneaux de contreplaqués peints, tapissés ou

Pour plus d'intimité, si l'on préfère couper une pièce en deux, il faut une séparation, quelle qu'elle soit

recouverts de tissus, selon vos préférences.

Un peu moins mobile, la bibliothèque indépendante, au dos solide, peut faire office de cloison. Au choix, sa disposition permettra de placer des livres côté espace familial, ou de vous servir de rangement. Si vous avez suffisamment de place, deux bibliothèques placées dos à dos forment une excellente séparation. Ne serait-ce qu'en disposant des sièges – un canapé ou deux fauteuils – vous pouvez suggérer une limite, bien que cette solution ne soit pas idéale. Si la pièce que vous envisagez de couper en deux est une chambre, la séparation peut se faire à l'aide d'un épais rideau suspendu à des rails ou à une tringle. Autres possibilités pour masquer le coin bureau, le tissu d'ameublement, éventuellement assorti aux rideaux, au lit, ou au papier peint, mais aussi des châles ou une couverture légère. Si vous ne voulez pas faire partie de la salle à manger ou d'une chambre, il faut trouver un endroit suffisamment intime et spacieux. La meilleure façon d'y parvenir est de poser un regard neuf sur chaque coin de votre domicile. En traversant un logement familier, nous suivons toujours le même chemin, en remarquant ou en ignorant les mêmes points. Nous passons devant des renfoncements, ou des paliers sans voir la place disponible sous l'escalier. De même, pour les placards : combien il en a et où sont-ils ?

Promenez-vous chez vous, quand tout est calme, de préférence quand tout le monde est sorti ou occupé. Quelles

À GAUCHE : D'épais rideaux, à un bout de la chambre, cachent un mur de rangements et un bureau. Là, une petite zone de travail comprenant tout le nécessaire, a été facilement intégrée et peut être dissimulée au besoin.

À DROITE, EN HAUT ET EN BAS : Un paravent en accordéon, en bois, conçu spécialement pour cet espace permet d'isoler le bureau du reste de la pièce, et pour plus d'intimité, les stores verticaux se ferment.

possibilités s'offrent à vous ? Contre quelle fenêtre pourriez-vous caler un bureau ? Dans quel coin rangeriez-vous vos effets personnels ? Et dans quelle zone sombre et reculée pourriez-vous installer du matériel informatique ? En même temps, demandez-vous ce que, dans un monde idéal, vous aimeriez avoir dans votre espace : une belle vue ? Ou, avant toute chose, de la lumière naturelle ? Ou un endroit qui soit le plus calme possible ?

Commencez par passer en revue tous les endroits possibles, dont ceux que l'on a tendance à ignorer. Un coin trop petit et peu pratique pour accueillir un meuble imposant, s'il est meublé judicieusement et doté d'un équipement adapté, peut devenir un bureau de rêve. Il sera net et fonctionnel, sans perturber la pièce dans laquelle il se trouve. Placer un bureau, de préférence à tiroirs, au bon angle, à côté d'éléments non encastrés comme des classeurs sur roulettes ou une commode à dessins dans le coin lui-même, et associé à des étagères élevées qui tiennent dans l'angle ou qui en font le tour, est à la portée de tous. Et si cela vous semble trop installé, songez à une formule plus

Ce petit espace de travail porte les touches très personnelles de son propriétaire, grâce aux objets qui ont chacun une présence affirmée. Une lampe réglable et fixée au mur libère de la place sur le plateau.

À GAUCHE, EN HAUT ET EN BAS : Dans ce studio, le bureau a été installé intelligemment dans le salon. Une étagère qui arrive à la taille court le long d'un mur. Entre la cheminée et la fenêtre, elle s'élargit pour devenir un bureau assorti d'un siège confortable et d'une lampe.

un cas exemplaire

Les maisons anciennes, en particulier du XVIIIe et du début du XIXe siècle, répondaient à des proportions classiques idéales. Elles étaient souvent occupées simplement, par quelques meubles bien choisis dans chaque pièce et disposaient de placards profonds intégrés aux murs, destinés aux objets du quotidien.

L'architecte William Smalley a su tirer profit de cette organisation dans son appartement, situé dans les étages supérieurs d'une élégante maison de Soho du XVIIIe siècle. Dans cette pièce aux proportions parfaites, derrière des murs lambrissés d'une grande beauté, deux placards d'origine, situés de chaque côté d'une élégante cheminée, ont été transformés en rangements de bureau très fonctionnels. D'un côté, un centre multimédia ainsi que les boîtes et les dossiers bien ordonnés. De l'autre côté se trouve sa librairie, dont les livres et les revues sont classés sur des étagères profondes qui montent jusqu'au plafond. Pour se démarquer des tons neutres de la pièce, l'intérieur des deux placards a été peint dans des couleurs qui contrastent, sans être ni trop claires ni trop chaudes.

CI-CONTRE : De chaque côté de la cheminée, dans ce salon lambrissé, les placards sont devenus des éléments intégrés du bureau à domicile. L'un est rempli de fournitures de bureau, tandis que l'autre, le plus près de la fenêtre, renferme des ouvrages et des magazines.

Au XVIIIe siècle, les maisons étaient souvent dotées de placards vastes et profonds. Ici, derrière une porte d'origine, on a aménagé un mini-bureau, avec des étagères robustes, un système de rangement impressionnant, un ordinateur, de la hi-fi et des classeurs.

Une porte coulissante cache ce bureau aménagé dans un placard. Si cet espace privé est assez large pour accueillir un bureau et une chaise, une fois fermé, personne ne peut deviner son existence.

À DROITE : Aussi joli qu'une peinture, ce bureau d'époque est à sa place dans ce cabinet de dessins anciens. Les images miniatures disposées au-dessus ne manquent pas de charme.

légère faite d'un ordinateur portable, et d'un chariot à étagères pour tout ranger.

Par ailleurs, il existe le bureau intégré à un placard. Pour bien des raisons, un placard profond est la réponse idéale si l'on veut un bureau clos. Cette constatation, faite par de nombreuses entreprises, est désormais creusée par des architectes qui élaborent des systèmes permettant de convertir un placard de base en un lieu qui, une fois ouvert, puisse inclure un plan de travail coulissant ayant un plateau pour l'ordinateur, et des tiroirs de rangements intégrés. Sur toute la surface disponible aux murs, à l'intérieur du placard, sont fixées des étagères étroites, et

Aucun espace n'est trop petit pour être aménagé en coin bureau agréable et organisé

sur la porte est accroché un tableau d'affichage. Il ne manque plus qu'une chaise, qui peut être rangée à l'extérieur du placard.
Le couloir est un autre espace auquel on songe rarement pour aménager un bureau mais qui, avec un peu d'organisation, peut être étonnamment pratique. Il y a certainement la place pour fixer une étagère au mur, à la hauteur du plan de travail, même si elle doit être repliée quand elle ne sert pas. Au-dessus, il peut y avoir des étagères ou des placards fermés dans lesquels on peut cacher les dossiers et les fournitures de bureau.

À GAUCHE : En haut d'une volée de marches, un coin inutilisé suffisamment spacieux pour installer un bureau, une chaise et une lampe, avec un seul meuble de rangement sur un côté.

AU MILIEU : Dans un couloir étroit menant à un escalier en spirale, un coin bureau a été créé derrière les portes d'un placard, en utilisant un espace qu'il aurait été dommage de laisser inoccupé.

À DROITE : Une petite table contre un mur bas, et quelques étagères fixées au mur suffisent à créer un coin travail qui respecte les proportions de la pièce.

Si votre maison est ancienne et possède un ou plusieurs escaliers, il est possible que vous trouviez de la place en haut d'une volée de marches. Là, un bureau ou une petite table pourront être logés, ainsi qu'une petite bibliothèque le long d'un mur, ou des étagères suspendues. C'est le type de configuration qui permet d'installer un bureau que l'on a autant envie d'admirer que d'utiliser.

Y aurait-il un demi-palier disponible et qui puisse devenir un formidable espace de travail ? Car tout en faisant partie de la maison, il sera défini comme un lieu séparé par l'architecture. Un jour, j'ai eu la chance de vivre dans une maison qui avait un demi-palier équipé d'une fenêtre donnant sur des jardins. L'espace était minuscule, mais suffisamment grand pour caler une chaise et un bureau contre la fenêtre, ainsi qu'une étagère de chaque côté.

À GAUCHE : Cet élégant bureau fait partie d'une pièce destinée à d'autres activités, et n'est pas immédiatement identifiable comme un espace de travail privé. Cependant, il est encadré par deux sièges imposants et agrémenté d'une lampe de bureau posée sur le dessus.

AU MILIEU : Sous un escalier, l'espace permet souvent d'installer un lieu de travail. Vérifiez que les dimensions du bureau correspondent à l'espace libre.

À DROITE : Dans les combles, la soupente est devenue un bureau intelligent, baigné de lumière naturelle.

C'était un endroit merveilleux pour s'asseoir, travailler, et observer la nature, bien sûr.

Le plus basique, et le plus fréquemment ignoré, des espaces se trouve sous l'escalier. Il est parfois transformé en débarras fermé, suivant la ligne de l'escalier, ou laissé ouvert. Peu importe, il peut devenir, selon sa hauteur et sa profondeur, un bureau complet, ou une zone de rangement si l'on préfère placer le bureau ailleurs, dans la pièce.

En dernier point, si vous n'arrivez vraiment pas à trouver un endroit assez grand pour travailler et ranger votre matériel, cherchez au moins un endroit où les dossiers et fournitures puissent être rangés ensemble,

Sous l'escalier,
dans cet espace exigu,
on peut souvent créer
un agréable lieu de travail

en sécurité, sans que personne n'y touche. Quand on travaille chez soi, on déteste être obligé de tout déplacer sans arrêt. Mais avec des rangements réservés à vos travaux, et qui soient distincts du bureau et de l'ordinateur, votre quotidien n'en sera que facilité.

À GAUCHE : Cet espace de travail n'a que des points positifs. Sur la structure de l'escalier, on a fixé la lampe réglable, tandis que le bureau est proprement encadré dans l'angle du mur.

AU MILIEU : Dans cette salle à manger contemporaine, un placard discret s'ouvre sur un meuble d'ordinateur muni d'un plateau coulissant.

À DROITE : Un placard garni d'étagères et un meuble intelligemment intégré dans l'angle formé par l'escalier, permettent de tirer profit au maximum de cet espace dont on ne sait que faire.

Dans cet atelier d'artiste, rien ne manque. Les travaux accrochés aux murs servent également de décoration. Le mobilier et l'équipement sont simples : un long plateau posé sur des tréteaux pour travailler confortablement, et une commode aux tiroirs peu profonds pour ranger les feuilles de toutes les tailles.

COUTURE, CRÉATIONS ARTISANALES ET ARTISTIQUES

L'un des plus grands luxes, de plus en plus appréciables, je pense, plus délicieux qu'une bibliothèque remplie de livres alléchants, est d'avoir une pièce ou un espace réservé à la création. Quel bonheur de pouvoir passer du temps à fabriquer des bijoux, faire de la poterie, de la peinture ou du dessin, coudre ou tricoter, dans un endroit qui n'est qu'à vous et dans lequel vous pouvez conserver tous vos instruments, vos travaux et tout ce qui nourrit votre activité !

Bien que beaucoup de gens créent pour le plaisir, nombreux sont les professionnels. Dans un cas comme dans l'autre, l'essentiel est de bien organiser votre espace, d'autant plus s'il fait partie d'une pièce ayant une autre fonction. Si vos créations ont pris le chemin de l'entreprise à domicile, il faudra réserver une partie à l'aspect administratif de l'entreprise, un endroit où conserver et classer les documents, et tous les autres éléments nécessaires à un bureau efficace. La solution la plus simple reste d'avoir deux petits meubles classeurs ou des tiroirs installés à côté du plan de travail.

À GAUCHE : Des pots à confiture avec un assortiment de couvercles à créer soi-même. C'est l'objet à recycler parfait pour ranger le petit matériel, du fil de soie aux clous en laiton.

À DROITE : Une certaine harmonie se dégage de la répétition de la forme des pots, dans des tailles différentes en fonction du matériel. Les pinceaux sont rangés dans des pots en porcelaine, et les peintures dans de modestes boîtes rondes empilées les unes sur les autres.

Après ces aspects peu amusants mais essentiels, il faut ensuite identifier les équipements, outils et matériaux dont vous allez avoir besoin, et où tout cela – en particulier les éléments imposants – va pouvoir être rangé. C'est encore plus vrai pour cette pièce que pour les autres : il faut que chaque objet ait sa place et qu'il y ait de la place pour tout. Les gros équipements,

Cette ancienne grange normande reconvertie en atelier d'artiste dispose de suffisamment de rangements pour tout le matériel et l'équipement, ainsi que d'une lumière naturelle abondante et d'une surface au sol qui permet de se déplacer librement entre les différents chevalets et plans de travail.

Un atelier d'artiste est un endroit où chaque chose doit avoir sa place, et où il doit y avoir de la place pour chaque chose

comme la machine à coudre, les mannequins de couture, la table à dessin, le tour de potier ou le chevalet, ont en général besoin de place. Réfléchissez à la façon de les insérer dans votre plan au sol idéal. Il est possible que vous ayez besoin de rayonnages vastes et ouverts, comme des étagères d'usine non encastrées, des tablettes modulables en bois, ou des casiers pour la poterie qui attend d'être cuite, des rouleaux de tissu ou des toiles volumineuses.

N'oubliez pas les petits objets, les outils propres à votre art, comme les pinceaux et les brosses, les aiguilles et les bobines de fil, les pelotes de laine : quel rangement

PORTE DU PALAIS DE LA CHANCELLERIE
LES ATELIERS DE BUDAPEST

À GAUCHE : Cet arrangement est-il esthétique ou fonctionnel ? Un peu des deux, avec une table d'appoint ancienne et raffinée qui accueille certains des instruments de l'artiste, allant du pilon pour mélanger les pigments au mortier et aux pinces en bois en passant par des pots de pinceaux et une paire de vieux souliers.

À DROITE, EN HAUT ET EN BAS : Un espace de travail spacieux a été créé en érigeant une treille à la façon d'une pergola sur un plancher en bois brut recouvert d'une verrière qui protège de la pluie tout en laissant entrer la lumière.

Un atelier collectif doit être organisé de façon à ce que chaque artiste dispose d'un espace individuel. Ordonner les rangements est essentiel à la vie en communauté. Ici, le recyclage de caissons profonds disposés sur toute la longueur du mur permet de tout ordonner. Tout tient dans des compartiments étiquetés, et la table est dégagée. Des suspensions basses sont accrochées au-dessus de la table de travail commune. Un assortiment de sièges de bureau réglables occupe chaque côté de la table.

en permet un accès facile ? Préférez-vous éviter de les enfermer, et les laisser en vue ? Ou souhaitez-vous les ranger derrière des portes closes ? Il existe toute une variété de systèmes de stockage relativement peu coûteux, en particulier pour les petits équipements. La seule limite est votre imagination. Par exemple, les commodes indépendantes peuvent suffire à tout entreposer et donnent une occasion de recycler. Les ensembles de meubles de chambre – l'armoire, la commode et le lit assortis – ne sont plus à la mode et il est facile de dénicher une vieille penderie dans un magasin d'occasions ou dans une salle des ventes.

À GAUCHE, EN HAUT ET EN BAS : Au sommet d'un bâtiment, avec une terrasse à l'arrière, se trouve un espace idéal pour aménager un atelier. Il y a suffisamment de place pour accrocher les œuvres, de la lumière naturelle à profusion et une table inclinable : c'est le rêve de l'artiste.

À DROITE : Dans cet atelier, tout est purement fonctionnel : des rayonnages élémentaires en métal, une table sobre, plus une chaise qui doit provenir d'une usine. Le tout fonctionne à merveille.

Se servir de ce que nous avons déjà est un bon moyen de meubler un lieu destiné à la création

S'il peut, à première vue, sembler laid, avec une ou deux couches de peinture, ce meuble, en particulier les modèles à double porte, peut devenir en un clin d'œil un centre créatif. Les étagères de la partie inférieure, tout comme celles de la partie supérieure, sont conçues pour les petits objets et peuvent permettre de tout agencer, le matériel de peinture, de couture ou de tricot.

Ainsi, une simple commode à tiroirs peut servir vos activités artistiques, une fois convertie en rangement complet équipé de divisions en contreplaqué, comme celles des range-couverts. Des plateaux à couverts peuvent être glissés dans chaque tiroir afin

un cas exemplaire

Emily Chalmers est styliste, auteure et propriétaire de l'un des magasins de décoration d'intérieur les plus fantaisistes de Londres, Caravan, à Shoreditch dans l'est de la ville. Son domicile, un entrepôt aménagé de Shoreditch, présente toutes les solutions originales qu'elle a trouvées pour faire coexister travail et vie domestique sous le même toit.

Comme tous les bons stylistes, Emily est sensible à la beauté des objets, des motifs et des formes, et son domicile en témoigne. Partout sont suspendues des longueurs de tissu et accrochées des plumes, des perles, et toutes sortes de jolies babioles. Pourquoi cacher les objets que nous aimons ? C'est la question que pose Emily : « J'aime les vieux imprimés floraux, et j'ai beaucoup de vêtements à motifs fleuris que j'aime suspendre au mur. Ça me semble plus logique que de les cacher dans une penderie, surtout que cela rend l'espace plus convivial, plus chaleureux. » Son bureau, dominé par des étagères joliment décorées par leur contenu, est séparé de l'appartement par un rideau insolite composé d'une douzaine de foulards vintage assemblés de façon à composer une cloison en tissu. De l'autre côté du rideau de foulards, un vieux meuble à tri postal accueille sa collection d'étoffes.

À GAUCHE : Un rideau fait de douze foulards cousus ensemble sépare le bureau de l'espace à vivre, l'exemple parfait d'une activité dont le matériel fait office de décoration.

AU MILIEU : Le mur dominant le bureau sert de tableau d'inspiration, avec des étagères portant tout ce qui est décoratif et utile.

À DROITE : De l'autre côté du rideau, un vieux meuble de tri postal, dont les casiers servaient autrefois à classer le courrier, accueille désormais une collection d'étoffes.

ORDINARY PORTLAND CEMENT
BRUXELLES
Central and

Pour aménager un atelier, il n'est pas indispensable d'avoir un gros budget, comme le montre cet exemple. Un paravent fait de volets ferme l'espace, et tous les meubles sont des pièces bon marché mais plaisantes.

À DROITE : La simplicité avant tout : dans cette cabine en bois, une planche sur tréteaux est placée sous la fenêtre, entre deux chariots à roulettes. Une collection de vases en verre bleu décore l'étagère, dans la soupente.

que tout – une série de ciseaux ou des boîtes d'épingles, des mètres de couturière, du fil, des pinceaux, des stylos, des bouteilles d'encre – puisse être clairement rangé. Tout autour de la pièce, installez d'autres modes de rangement pour les petits objets épars, en réquisitionnant des éléments d'autres pièces de la maison : un porte-tasse, un porte-manteau pour accrocher tout ce que vous voulez, un tableau en liège ou un panneau perforé pour les papiers importants. Ainsi, vous n'égarerez pas les objets comme le fil à broder de couleur, qui risque de disparaître par mégarde. Les boîtes à outils ou les coffres à pêche, les mallettes à couteaux et les bocaux en verre sont d'autres solutions insoupçonnées.

Assurez-vous de pouvoir conserver tout le matériel indispensable à proximité

Naturellement, réfléchir au matériel indispensable et à sa disposition amène à penser à l'organisation de l'espace. Le processus de création, qu'il s'agisse de peindre sur un chevalet, de coudre à la machine ou à la main, ou de faire de la poterie, se déroule en plusieurs étapes successives. Bien sûr, vous savez comment vous aimez travailler, mais avant d'aménager l'atelier idéal, il peut être utile de noter le chemin qui relie tous les points de votre activité, et de voir s'il est possible de

IDÉES ORIGINALES POUR ENTREPOSER TOUS LES PETITS RIENS

* Les traditionnels bocaux en verre, aux couvercles à charnière, sont formidables pour tout ranger en beauté, des bobines de fil aux boutons. Mélangez les tailles.

* Les tableaux d'affichage et les panneaux capitonnés sillonnés de rubans de toutes les couleurs permettent d'accrocher les notes et les pense-bêtes à côté des photos et des bouts de papier qui nourrissent votre travail.

* De vieux bacs d'imprimeur en bois, peu profonds et divisés en multiples compartiments, peuvent être accrochés verticalement au mur. Dans les compartiments, on peut tout ordonner, des fioles d'encres de couleur aux trombones.

* Un panneau à outils, comme ceux que l'on trouve dans les garages, peut servir à pendre les gros accessoires comme les ciseaux ou les cisailles.

* Accrochez les bobines de rubans sur des tringles basses en laiton ou des fils tendus, comme on en trouve dans les cafés pour pendre les rideaux.

* À moindres frais, on trouve dans les ventes des vieilles malles, parfois ornées d'étiquettes exotiques et passées. Elles sont parfaites pour ranger des mètres de tissu et des feuilles de papier de grand format.

* Avec de la chance, vous pouvez tomber sur une malle-penderie verticale. Vous aurez alors la solution originale idéale à tous vos problèmes de stockage !

* Faites un usage créatif des étagères de livres. Accolez des groupes d'ouvrages à des paniers décoratifs à fond plat qui contiendront vos papiers et vos dossiers.

* Pour être accessibles, les stylos et les crayons se rassemblent dans de vieux pichets ou des tasses décorées.

* Ne négligez pas les éléments de rangement pour couverts traditionnels, afin de regrouper toutes ces petites choses qui ont tendance à s'éparpiller.

Pour un stockage original, ce buffet a été détourné avec imagination. S'il a un jour servi à ranger des aliments, le grillage d'origine des portes a été remplacé par des torchons à rayures.

À GAUCHE : Pour tout cacher avec charme sous le plan de travail, et sans trop dépenser, posez un rideau sur toute la longueur des étagères inférieures.

À DROITE : Dans cet espace fonctionnel, le bureau d'un parfumeur, les instruments, les bouteilles et les fioles sont parfaitement alignées sur des étagères au-dessus du plan de travail. Cette solution est aussi pratique que décorative.

travailler plus efficacement, en vous économisant. Nous en revenons aux problèmes d'ergonomie et au triangle d'or, même si, dans le cas de l'artisanat, il y a souvent plus de trois étapes à parcourir. Demandez-vous aussi dans quelle forme d'espace vous aimez travailler : certains préfèrent un U légèrement arrondi, d'autres un alignement, ou encore un lieu en L. Cela dépend de ce que vous faites et, plus globalement, de vos habitudes.

Il se trouve que certains métiers, comme la création de bijoux et de poterie, ne peuvent pas se pratiquer dans une pièce occupée du

Cet espace de travail simple est meublé de façon élémentaire et équipé au minimum, mais ordonné à l'extrême, ce qui rend ce lieu harmonieux. Le renfoncement a été garni d'étagères pour ranger les dossiers, et complété par un petit caisson de rangements. Les rouleaux de tissu sont regroupés dans un coin, et l'unique peinture accrochée au mur apporte une note décorative à la pièce.

Cet atelier d'artiste professionnel peut accueillir plusieurs chevalets ainsi qu'un mode de stockage déplaçable sous la forme de tables légères. La lumière parfaitement distribuée vient du haut et de larges baies.

À DROITE, EN HAUT : Le graphisme nécessite un éclairage précis autant que de la place pour conserver tous les instruments sous la main. La lumière naturelle abondante est augmentée par deux lampes de bureau réglables.

À DROITE, EN BAS : Cet espace de travail, qui sert à la fois aux devoirs des enfants et aux travaux artisanaux, est niché dans un coin et meublé de façon simple et économique, avec des pupitres d'écolier recyclés et un tableau noir.

matin au soir, telle que la cuisine ou le salon. Non seulement, dans ces domaines, les manipulations sont complexes et délicates, mais les travaux en cours d'exécution peuvent difficilement être déplacés. De plus, les équipements nécessaires à l'ouvrage ont généralement besoin d'un lieu stable et permanent, comme les plans de travail, les bancs, ainsi qu'une quantité d'éléments lourds et d'outils de précision fragiles. Si, chez vous, il n'est pas possible de libérer une pièce entière, vous pouvez envisager d'occuper une partie de la chambre d'amis, ou la moitié la moins

Tant que vous trouverez suffisamment de place pour stocker le matériel imposant lié à la couture, l'équipement nécessaire est restreint. Ici, un robuste plan de travail constitué d'une planche de récupération est posé sur un socle en métal industriel tout aussi solide.

À DROITE : Dans cette salle de couture, la machine est posée sur une table en bois. Comment ne pas être inspiré par ce décor riche en images et en idées, et ces objets miniatures tout simplement adorables.

VAN GOGH MUSEUM
Japanse Japanese
zomer season
Abe
remt maria
acqua di parma
ZHANG'S TEXTILES
China
Aries
LIX
Hofmann
SONJA

table ou d'un plan de travail, que ce soit une table inclinée de dessinateur, ou juste une vieille porte posée sur deux tréteaux. Il faut un siège, peut-être un fauteuil pivotant confortable, parfait sur un sol lisse.

Le revêtement du sol est important. Il vaut mieux éviter les tapis ou la moquette. Des activités qui impliquent de travailler des matières comme l'argile ou la peinture, même les fils et les aiguilles, nécessitent une surface au sol facile à nettoyer, peu salissante, et qui ne deviennent pas la cachette de toutes les épingles et autres

Le sol doit être adapté à vos activités : la peinture, l'argile et les épingles ne sont pas compatibles avec des tapis épais !

utilisée de la salle à manger, tant que la pratique de votre activité ne perturbe pas la vie de la pièce commune. Parfois, un meuble de séparation, ou encore plus simple, un tissu épais et clair, un rideau de toile pendu au plafond, un écran, décoratif en soi, peuvent tout arranger.

En plus de l'équipement spécifique à votre activité, quelques meubles basiques peuvent être utiles. Tout le monde a besoin d'une

accessoires qui se perdent facilement. Le bois et le carrelage sont deux bonnes idées, même si le linoléum est le favori. Chaud et naturel, il est disponible en rouleaux comme en carreaux, ce qui permet d'éviter les jointures et de faciliter l'entretien.

Si vous disposez d'une source de lumière naturelle, en particulier si vous peignez et que vous être orienté au nord, vous partez avec un avantage certain. Mais si ne pouvez

Si cet agencement semble, à première vue, hasardeux, en fait chaque chose a sa place et reste facilement accessible. Sur chaque échantillon de tissu accroché au mur au-dessus du plan de travail a été brodée une note sur sa provenance.

À GAUCHE : Un coin couture simple mais pratique, composé d'une table pouvant recevoir une machine à coudre et d'une chaise simple ornée d'une housse à enfiler. La fenêtre large laisse entrer toute la lumière de l'extérieur.

home
SUPERIOR
MODEL
FORM'S CO
YOU
MAKE
ME
ol Power
FIESTA CUBANA
MODEL 1998
china

À GAUCHE : Partie intégrante d'une salle de couture, ce mur a été utilisé au maximum pour engranger les échantillons de tissu comme les photos et les dessins qui alimentent la créativité. Un mannequin de couture facile à déplacer et un chariot d'accessoires accroissent la souplesse à l'espace.

À DROITE : Ces étagères profondes et larges, construites dans un renfoncement, permettent de ranger en hauteur les objets encombrants et minutieux, dans des contenants variés comme des boîtes à chapeaux ou une jardinière en fer forgé. Un tableau d'affichage aide à suivre les travaux en cours, grâce aux mises à jour régulières.

installer votre espace qu'au sous-sol, l'éclairage devra reproduire le mieux possible la lumière naturelle. C'est beaucoup plus facile de nos jours, grâce aux lampes qui imitent parfaitement la lumière du jour.

Le stockage du matériel doit permettre de l'avoir sous les yeux, et à portée de main

La ventilation de l'espace est importante dans un atelier, en particulier si vous travaillez avec des outils qui font appel au feu ou que vous cumulez le matériel électrique. S'il n'y aucun système d'aération naturelle, comme une fenêtre, songez à faire installer un ventilateur d'extraction.

Autre point essentiel aux métiers artisanaux, l'arrivée d'eau. Il est nécessaire d'avoir un point d'eau dans la pièce où vous travaillez, sauf pour la couture ou le tricot. Mais s'il n'y a pas d'évier et que son installation est trop coûteuse, dites-vous qu'il vaut mieux avoir un espace à vous sans eau, que pas d'espace du tout !

Une fois que vous aurez fait le tour de tous ces points pratiques, n'oubliez pas que l'élément le plus précieux de tous est la paix et la tranquillité. Si ce n'est pas toujours possible, reste la possibilité d'avoir une belle porte épaisse qui pourra être doucement, mais fermement, close.

F.B.I.
NIALITY

ESPACES POUR ENFANTS ET ADOLESCENTS

À GAUCHE : Loin d'être enfantin, ce bureau sophistiqué ne nie pas les joies de l'enfance, comme en attestent les souvenirs d'amis exposés sur l'étagère dominant le plan de travail bien agencé.

À DROITE : Dans une pièce relativement petite sont ordonnés tous les bons éléments d'un espace destiné au travail, à l'étude et au quotidien. Dans ce bureau assez vaste, associé à une chaise confortable, à de nombreux rangements élémentaires, il reste de la place pour les guitares et les amplis.

L'un des plus beaux cadeaux que l'on puisse faire à un enfant est un espace personnel au sein du logement. Dans cet endroit où il se sentira entièrement chez lui, il pourra s'occuper à sa guise et, surtout, le décorer selon ses goûts, d'une façon qui l'inspire. Comme les adultes, les enfants et les adolescents ont besoin d'un espace ordonné qui leur corresponde, même si leur vie semble bruyante ou agitée. Le quotidien d'un enfant, ou d'un jeune adulte, est truffé de contraintes extérieures : faire ses devoirs, terminer ceci ou cela, aller au lit, venir à table, etc. À l'inverse, dans son espace privé, il doit se sentir libre et avoir la place de faire tout ce qui lui plaît :

se détendre, étudier et conserver ses effets personnels. Il doit pouvoir y ranger tous ses jouets, ses livres, ses dessins et ses peintures, ses CD et ses DVD, son équipement son et son ordinateur. De ce fait, dès qu'il est question de concevoir la chambre d'un enfant ou d'un adolescent, le rangement – quel système, et quelle quantité – est un élément très important. Ils ont énormément d'affaires – des jouets quand ils sont petits –, et de plus en plus variées encore quand ils grandissent : chaussures, vêtements et

À GAUCHE : Une pièce où plusieurs enfants peuvent étudier et jouer ensemble. Autour de la chambre sont disposées des tables et des chaises, tandis que les affaires se rangent dans tous les recoins disponibles.

À DROITE (LES 3 PHOTOS): Dans une chambre d'enfants, tout doit être accessible. Les vêtements peuvent être pendus à des crochets fixés assez bas, les crayons et les stylos conservés près du bureau. Les livres ainsi qu'une petite table et un petit bureau sont placés au niveau du lecteur.

un cas exemplaire

À Battersea, il existe une école victorienne, forte d'une grande hauteur sous plafond et d'amples fenêtres. Elle a récemment été reconvertie en plusieurs appartements londoniens particulièrement originaux.

C'est ici que Michaelis Boyd, l'agence d'architecture dont les maîtres mots sont « espace » « fluidité » et « lumière », a créé un appartement qui renferme un paradis pour adolescent, un refuge niché dans une zone distincte à la conception innovante, où trois frères et sœurs peuvent travailler, se reposer et jouer. Dans l'espace haut de plafond, on a installé un niveau en mezzanine sur lequel, au lieu de chambres indépendantes, on trouve trois plateformes destinées au sommeil, séparées l'une de l'autre par des murets. Sous

les plateformes, un espace commun découpé en zones destinées aux devoirs et à la lecture, avec des bureaux spacieux et de vastes étagères de livres. Grâce aux hublots qui communiquent entre les divers espaces, la tranquillité n'exclut pas la compagnie des autres. L'espace est ponctué de coins paisibles où s'asseoir, lire ou se détendre. Les murs blancs dominent l'ensemble ponctué de photographies et de dessins soigneusement choisis.

Dans cet espace de travail commun, l'équipement est aussi professionnel et pratique que possible. Sur toute la longueur de l'unique surface de travail sont fixées plusieurs lampes de bureau individuelles, et une vaste bibliothèque domine le bureau en longueur.

À GAUCHE, EN HAUT : Sur la mezzanine, on trouve non pas des chambres, mais des plateformes accueillant les lits des trois occupants, séparés l'un de l'autre par des murs bas et incurvés.

À GAUCHE, EN BAS : Le chemin le plus court pour se rendre des plateformes aux zones de travail et de relaxation est, sans aucun doute, le poteau.

Friends Seminary
NATIONAL PHYSICAL FITNESS AWARD
Chess

À GAUCHE : La couleur unifie cette pièce bien remplie. La cheminée d'un bleu soutenu relie intelligemment les bibliothèques, les rangements, les chariots et le bureau et donne une cohérence à l'espace.

À DROITE : Bureau sobre mais pas trop. Dans cette pièce consacrée au travail et à la musique, une unique image forte a été accrochée au mur. Elle suffit à ajouter une touche personnelle et humoristique à cet espace d'adolescent.

équipements de sport. Les rangements les plus efficaces sont réglables, ou modulables, et aux meubles, on peut ajouter des contenants au choix. Tout, des paniers aux caissons sur roulettes, peut entrer dans le tableau, à condition que le contenu soit facilement identifiable.

Les lits sont d'autres solutions de rangement. De nombreux modèles sont équipés de tiroirs qui se glissent en dessous, et un lit surélevé peut devenir une unité complète

Les systèmes de rangement qui fonctionnent le mieux sont ceux qui s'adaptent facilement à l'évolution des centres d'intérêt

dotée d'un bureau et d'étagères. Chaque enfant, quel que soit son âge, a besoin d'un espace de travail intégré à sa chambre. En plus de ses devoirs, il pourra se consacrer à des activités artistiques, au modélisme, ou installer son ordinateur. Toutes ces occupations requièrent une surface plane étendue, des étagères basses, et si possible, des rangements élevés. Les étagères devraient être réglables afin de s'adapter à ses centres d'intérêt qui évoluent avec l'âge. Ce qu'ils ne peuvent pas atteindre ne servira jamais.

L'éclairage devrait être aussi souple que tout ce qui compose la pièce. Près du lit et du plan de travail, posez des liseuses et des lampes de bureau, mais dans le reste de la pièce, une lumière d'ambiance sera plus propice à la détente.

Pour déterminer la surface de travail, il vaut mieux se concentrer sur son aspect indestructible que sur ses qualités esthétiques, bien que les deux points soient conciliables. Dans une pièce réduite, une table à déplier, fixée au mur est à conseiller.

Dans une chambre d'adolescent, un bureau sur pieds réservé à l'ordinateur est toujours utile. Souvent sur roulettes et haut en couleurs, ce meuble est conçu pour accueillir un écran et tout le matériel

À GAUCHE ET AU MILIEU : Un espace de travail efficace et modulable a été créé dans le grenier. Un long bureau court le long du mur, tandis que des équerres ont été fixées aux poutres pour créer une étagère le surplombant.

À DROITE : Le plus petit coin d'une pièce peut être transformé en lieu de travail pour peu que l'on fasse preuve d'imagination. Ici, un bureau encastré surplombé d'étagères formant des compartiments de différentes tailles fait très bien l'affaire.

BOOM
Pocket Oxford ENGLISH Dictionary
TINTIN AU PAYS DES MOTS
DAN BROWN
ANGELS AND DEMONS
PHOTO ICONS
CAN'T BE BEATEN UNLESS YOU USE FRESH YOGHURT THAT IS.

VANS
LOVE
PEACE POWER
VANS
Reese's
COUCOU
PLEASE ADOPT ME
junior

À GAUCHE : Simple avant tout, cet espace de travail n'en est pas moins parfait. Le mur sert à afficher une explosion d'idées et d'images colorées et fantaisistes.

AU MILIEU : Le renfoncement, sur la droite du manteau de la cheminée, a été utilisé avec intelligence. Il accueille des étagères dont la base a été élargie pour servir de bureau.

À DROITE : Une table décorative est calée contre les étagères qui occupent tout le mur et qui permettent de tout emmagasiner.

nécessaire, tout en libérant de la place. Le meilleur revêtement de sol résiste à tout ce qui peut être renversé, comme aux chutes. Optez pour un parquet étanche, du linoléum ou une surface facile à nettoyer, recouverte de tapis lavables en machine.

Enfin, les adolescents aiment leur intimité autant que les adultes détestent le bruit. Dans leur chambre, le bruit ambiant, produit par la musique, ou autre, est inévitable. Ce n'est donc pas une mauvaise idée de disposer dans la chambre d'enfant des éléments qui atténuent le son, comme des rideaux épais et une porte robuste. C'est plus d'intimité pour eux, et une vie plus paisible pour les parents.

Dans ce loft, l'un des murs a été malicieusement converti en trois bureaux semi-cloisonnés qui permettent de s'isoler sans être loin des autres. Chaque station de travail est décorée aux goûts de son occupant. Des échelles industrielles en métal permettent d'accéder aux lits en mezzanine, installés sur la plateforme qui court au-dessus des trois bureaux.

INDEX

LES ARCHITECTES, ARTISTES, DESIGNERS ET CHEFS D'ENTREPRISES DONT LE TRAVAIL APPARAÎT DANS CE LIVRE

A.L.M. INTERIOR DESIGN
Andy L. Marcus
935 Westbourne Drive, # 201
West Hollywood, CA 90069
alminteriordesign@earthlink.net
+1 213 716 9797
Page 1

ANDREW HAIR
Tapis Vert
+44 (0)20 8678 1408
tapis.vert@virgin.net
Page 161

ANK VD PLUIJM
www.householdhardware.nl
Page 146

ANN SHORE
Creative Story
The Old Truman Brewery
4–5 Dray Walk, off Brick Lane
London E1 6QL
+44 (0)20 7247 3137
Page 24

ANNABEL GREY
+44 (0)7860 500356
www.annabelgrey.com
annabel.grey@btinternet.com
Page 30

ANTHROPOLOGIE
www.anthropologie.com
Pages 43, 74, 135

ASFOUR GUZY
www.asfourguzy.com
Pages 40, 41

ATLANTA BARTLETT
www.atlantabartlett.com
Page de garde, pages 5, 21, 33, 55, 61, 66, 69, 96, 107, 148

BABYLON DESIGN LTD
Maintenant sous le nom de
Birgit Israel Home
www.birgitisrael.com
Pages 64, 65

BAILEYS
Whitecross Farm
Bridstow
Ross-on-Wye
Herefordshire HR9 6JU
www.baileyshome.com
Pages 5, 36, 37, 42, 139

BEACH STUDIOS
www.beachstudios.co.uk
Page de garde, pages 5, 21, 33, 55l, 61, 66, 69, 96, 107, 148

BELMONT FREEMAN ARCHITECTS
110 West 40th Street
New York, NY 10018
+1 212 382 3311
www.belmontfreeman.com
Page 32

BEN JOHNS CEO
Scout Ltd
(Sacs et revêtements de sol)
1055 Thomas Jefferson Street NW
Washington DC 20007
+1 202 944 9590
ben@bungalowco.com
Pages 5, 152, 154

CARLA SAIBENE
Prêt-à-porter féminin, accessoires et antiquités
Via San Maurilio 20
Milano
+39 2 77 33 15 70
xaibsrl@yahoo.com
Page 19

CASE FURNITURE LTD
189 Stonhouse Street
London SW4 6BB
+44 (0)20 7622 3506
www.casefurniture.co.uk
Pages 14, 34

CCAVE INTERIORS
www.caveinteriors.com
Page 49

CECILIA PROSERPIO
cecilia.proserpio@fastwebnet.it
Pages 22–23

CENTURY DESIGN
68 Marylebone High Street
London W1M 3AQ
modern@centuryd.com
www.centuryd.com
Page 118

CHRISTINA WILSON
www.christinawilson.co.uk
Page 93

CLAESSON KOIVISTO RUNE ARKITEKTKONTOR
www.ckr.se
Page 102

COMMA
David Khouri
Architecte d'intérieur et mobilier
149 Wooster Street, Suite 4NW
New York, NY 10012
+1 212 420 7866
www.comma-nyc.com
info@comma-nyc.com
Page 28

CRÈME DE LA CRÈME À LA EDGAR
Møntergade 10
DK-1116 Copenhagen K
Denmark
+45 33 36 18 18
www.cremedelacremealaedgar.dk
Page 155

DANIEL JASIAK
www.danieljasiak.com
Page 56

DANIELA MICOL WAJSKOL
Styliste d'intérieur
Via Vincenzo Monti 42
20123 Milano
danielaw@tiscalinet.it
Page 43

DEB WATERMAN JOHNS
Personnal shoppeuse habillement et maison, boutique Fifi
1633 29th Street NW
Washington DC 20007
+1 202 625 6425
deb@dogbunny.com
Pages 5, 152, 154

EMILY CHALMERS
Auteur et styliste
Caravan
3 Redchurch Street
Shoreditch
London E2 7DJ
+44 (0)20 7033 3532
www.caravanstyle.com
emily@emilychalmers.com
Pages 136-137

FIL DE FER
Store Kongensgade 83 A
1264 Copenhagen K
Denmark
+45 33 32 32 46
www.fildefer.dk
fildefer@fildefer.dk
Page 10

FIONA & ALEX COX
www.coxandcox.co.uk
Page 145

FLINT COLLECTION
49 High Street
Lewes
East Sussex BN7 2DD
www.flintcollection.com
sales@flintcollection.com
Page 55

GALERIE MIKAEL ANDERSEN
Bredgade 63
DK-1260 Copenhagen
Denmark
+45 33 33 05 12
www.gma.dk
Page 144

GÉRARD ET DANIELLE LABRE
2, boulevard des Alliés
30700 Uzès
France
+33 (0)6 20 69 70 32
glabre@orange.fr
Page 134

GRETHE MEYER
Designer ET architectE MAA
Royal Copenhagen
www.royalcopenhagen.com
Pages 16, 20, 63

GUY HILLS
Photographe
Dashing Tweeds
+44 (0)20 7916 2610
www.dashingtweeds.co.uk
guy@dashingtweeds.co.uk
Page 99

HAIFA HAMMAMI
Architecte
+44 (0)7730 307612
Pages 76-77

HELEN ELLERY
I Love Home
Styliste d'intérieur
helen@helenellery.com
helene@i-love-home.co.uk
Page 2

HEMMINGWAY DESIGN
15 Wembley Park Drive
Wembley HA9 8HD
+44 (0)20 8903 1074
www.hemingwaydesign.co.uk
Page 112

HOGARTH ARCHITECTS LTD
+44 (0)20 7381 3409
www.hogartharchitects.co.uk
info@hogartharchitects.co.uk
Pages 20, 44

HOPE & GREENWOOD
Chocolat et bonbons
www.hopeandgreenwood.co.uk
Page 60

INA CRYSTALS LTD
24 Rochester Square
London NW1 9SA
+44 (0)20 7284 2112
www.liberty.co.uk
Page 141

INDENFOR & UDENFOR ANTIK
Toldbodgade 65 B
1253 Copenhagen K
Denmark
+45 22 34 94 53
www.indenfor.com
Pages 74, 91

INGERERD RAMAN
Bergsgafan 53
SE-11231 Stockholm
Sweden
+46 8 6502824
Ingegerd.raman@orrefors.se
Page 102

JACQUES AZAGURY
50 Knightsbridge
London SW1X 7JN
+ 44 (0)20 7245 1216
www.jacquesazagury.com
Page 105

JAMB
107A Pimlico Road
London SW1W 8PH
+44 (0)20 7730 2122
www.jamblimited.com
Page 115

JAMES SLADE
Slade Architecture
150 Broadway, No. 807
New York, NY 10038
+1 212 677 6380
www.sladearch.com
info@sladearch.com
Page 13

JANE CUMBERBATCH
www.purestyleonline.com
Page 68

JESTICO + WHILES
www.jesticowhiles.com
Page 71

JOHN NICHOLSON
Maison à louer sur :
johnnynicolson@aol.com
Pages 8-9, 92

JOHN PEARSE
Tailleur
6 Meard Street
W1F OEG
+44 (0)20 7434 0738
www.johnpearse.co.uk
jp@johnpearse .co.uk
Page 121

JON PELLICORO
jpellicoro@earthlink.net
Page 158

JONATHAN CLARK ARCHITECTS
3rd Floor 34–35 Great Sutton Street
London EC1V 0DX
+44 (0)20 7608 1111
jonathan@jonathanclark.co.uk
www.jonathanclark.co.uk
Page 125

JOSEPHINE MACRANDER
Décoratrice d'intérieur
+31 6 43053062
Pages 4, 50

JULIAN STAIR
Studio
52A Hindmans Raod
London SE22 9NG
+44 (0)20 8693 4877
www.julianstair.com
studio@julianstair.com
Page 127

JUNE & DAVID ROSKILDE
Lithographe, musicienne et productrice
june@rehak.dk
Page 106

KATE FORMAN
www.kateforman.co.uk
Page 39

KATRIN ARENS
www.katrinarens.it
info@katrinarens.it
Pages 22-23

KEN FORMAN
www.kenforemandesign.com
Page 150

KJAERHOLM'S
Rungstedvej 86
DK-2960 Rungsted Kyst
Denmark
+45 45 76 56 56
www.kjaerholms.dk
info@kjaerholms.dk
Pages 51, 113

KURT BRENDENBECK
www.kurtbredenbeck.com
Page 81

LENA PROUDLOCK
www.lenaproudlock.com
Pages 142-143

LISA JACKSON LTD
+1 212 593 0117
lcjpeace@aol.com
Page 159

LISETTE PLEASANCE
Boonshill Farm B&B
Near Rye
East Sussex
www.boonshillfarm.co.uk
Page 48

MALCOLM GLIKSTEN
Relic Antiques
127 Pancras Road
+44 (0)7831 785059
malcolm.gliksten@bluyonder.co.uk
Page 122

MACK SCOGIN MERRILL ELAM ARCHITECTS
www.msmearch.com
Page 145

MARIE-HÉLÈNE DE TAILLAC
www.mariehelenedetaillac.com
Page 42

MARK SMITH
Smithcreative
15 St George's Road
London W4 1AU
+44 (0)20 8747 3909
office@smithcreative.net
Pages 52-53

MATALI CRASSET PRODUCTIONS
26, rue du Buisson-Saint-Louis
75010 Paris
France
+33 1 42 40 99 89
www.matalicrasset.com
matali.crasset@wanadoo.fr
Pages 74, 160

MELIN TREGWYNT
Castlemorris
Haverfordwest
Pembrokeshire
SA62 5UX
+44 (0)1348 891 644
www.melintregwynt.co.uk
info@melintregwynt.co.uk
Page 31

MIBO
+44 (0)870011 9620
www.mibo.co.uk
info@mibo.co.uk
Page 109

MICHAEL NEUMANN ARCHITECTURE
11 East 88th Street
New York, NY 10128
+1 212 828 0407
www.mnarch.com
Page 82

MICHAELIS BOYD ASSOCIATES
Alex Michaelis & Tim Boyd
9B Ladbroke Grove
London W11 3BD
+44 (0)20 7221 1237
www.michaelisboyd.com
info@michaelisboyd.com
Pages 156-157

MMM ARCHITECTS
The Banking Hall
26 Maida Vale
London W9 1RS
+44 (0)20 7286 9499
post@mmmarchitects.com
www.mmmarchitects.com
Pages 84, 85

MULLMAN SEIDMAN ARCHITECTS
137 Varick Street
New York, NY 10013
+1 212 431 0770
www.mullmanseidman.com
Pages 12, 75, 104

NEISHA CROSLAND
www.neishacrosland.com
Pages 72-73

NICO RENSH
Architeam LTD
Campfield House
Powdermill Lane
Battle
East Sussex TN33 0SY
+44 (0)1424 775211
www.architeam.co.uk
nr@architeam.co.uk
Page 163

NICOLAS HUG & PHILIPPE MENAGER
Immobilier de Collection
31, rue de Tournon, 75006 Paris
+33 1 53 10 22 60
Pages 75, 108

NINA HARTMANN
www.vintagebynina.com
Page 54

PHILIPPE GUILMIN
philippe.guilmin@skynet.be
Pages 132-133

PINCH
Sur rendez-vous
Unit 1W
Clapham North Art Centre
26–32 Voltaire Road
London SW4 6DH
+44 (0) 20 7622 5075
www.pinchdesign.com
Pages 21, 27, 35

PORADA ARREDI S.R.L.
I-22060 Cabiate (Como)
Via P. Buozzi, 2 – Località Porada
+39 031 766215
www.porada.it
Page 18

RACHEL VAN DER BRUG
Consultant en décoration intérieure
Ineke Schierenberg & Rachel van der Brug VOF
Lange Leidsedwarsstraat 140
1017 NN Amsterdam
+31 (0)20 6390881
www.inekeschierenberg.nl
Pages 88, 89

REINEKE GROTERS
Styliste/artiste
reineke.groters@zonnet.nl
Page 149

RETROUVIUS
Objets et matériaux de récupération design
2A Ravensworth Road
London NW10 5NR
+44 (0)20 8960 6060
www.retrouvious.com
mail@retrouvius.com
Page 99

RODDY&GINGER
www.roddyandginger.co.uk
virginia@roddyandginger.co.uk
Page 126

ROELINE FABER INTERIOR STYLING & DESIGN
Tweede Molenweg 22
1261 HC Blaricum
The Netherlands
+31 35 6668411
faber.styling@wxs.nl
Page 97

ROSE UNIACKE INTERIORS
8 Holbein Place
London SW1W 8NL
+44 (0)20 7730 7050
www.roseuniacke.com
Pages 74, 153, 163

SANDY DAVIDSON DESIGN
www.sandydavidsondesign.com
Pages 78-79

SHAMIR SHAH
www.shamirshahdesign.com
Page 83

SIGMAR
263 Kings Road
London SW3 5EL
+44 (0)20 7751 5802
www.sigmarlondon.com
Page 114

STELTON A/S
+45 39 62 30 55
stelton@stelton.dk
www.stelton.com
Pages 20, 28-29

STENHUSET ANTIKHANDEL
Antiquités, décoration d'intérieur,
café et chambres d'hôtes
Bögerup 206 A
241 96 Stockamöllan,
Sweden
+ 46 (0)70 965 95 65
www.stenhusetantikhandel.com
Page 58

STEPHEN PARDY
Weston-Pardy consultant
en design
+44 (0)20 7587 0221
weston.pardy@mac.com
Pages 21, 57

STEVEN LEARNER STUDIO
307 7th Avenue, Room 2201
New York, NY 10001
www.stevenlearnerstudio.com/
index.htm
mstevens@stevenlearnerstudio.
com
Pages 110-111

STEVEN SHAILER
+1 917 518 8001
Page 44

STUDIO ARCHITETTURA BENAIM
Via Giotto, 37
50121 Florence
Italy
+39 055 6632 84
benaim@tin.it
Page 120

TAPET CAFÉ
www.tapet-café.dk
Page 56

TERESA GINORI
Teresa.ginori@aliceposta.it
Pages 100-101

THE CHILDREN COTTAGE COMPANY &
SANCTUARY GARDEN OFFICE
www.play-houses.com
www.sanctuarygardenoffices.com
+44 (0)1363 772061
Page 119

THE CROSS &
CROSS THE ROAD
+44 (0)20 7727 6760
Page 4

THE MARSTON HOUSE
Main Street at Middle Street
PO Box 517
Wiscasset
Maine 04578
www.marstonhouse.com
Page 62

THE NEW ENGLAND SHUTTER COMPANY
16 Jaggard Way
London SW12 8UB
+44 (0)20 8675 1099
www.tnesc.co.uk
Page 155

THE SWEDISH CHAIR
+44 (0)20 8657 8560
www.theswedishchair.com
lena@theswedishchair.com
Page 31

TORE LINDHOLM
tore.lindholm@nchr.uio.no
&
Lund & Hagem Arkitektur AS
www.lundhagem.no
Page 10

TSÉ &TSÉ ASSOCIÉES
Catherine Lévy & Sigolène Prébois
www.tse-tse.com
Page 124

TYLER LONDON LTD
www.tylerlondon.com
Page 86

VILLA L'AGACHON
www.villalagachon.com
Page 70

VIVIEN LAWRENCE INTERIOR DESIGN
architecte d'intérieur au service
des particuliers
London
+44 (0)20 8209 0058/0562
interiordesign@vivienlawrence.
co.uk
Pages 4, 122

VOON WONG
www.vwbs.co.uk
Page 49

WEBB ARCHITECTS
www.webb-architects.co.uk
Page 49

WILLIAM HEFNER
www.williamhefner.com
Pages 78-79

WILLIAM SMALLEY
+44 (0)7753 686711
william@williamsmalley.com
Pages 116-117

WILLIAM W. STUBBS, IIDA
www.wwstubbs.com
Page 86

WIM DEPUYDT
+ 32 495, 777 217
depuydt.architect@pandora.be
Pages 3, 164-165

YANCEY RICHARDSON GALLERY
535 West 22nd Street
New York, NY 10011
www.yanceyrichardson.com
Pages 110-111

CRÉDITS PHOTOS

SYMBOLES : *ph*= photographe, **b**=en bas, **h**=en haut, **d**=à droite, **g**=à gauche, **c**=centre.

Pages de garde, *ph* Polly Wreford/styled by Atlanta Bartlett ; **page 1** *pH* Andrew Wood/demeure d'Andy Marcus & Ron Diliberto à Palm Springs, CA ; **2** *ph* Jan Baldwin/designer domicile d'Helen Ellery à Londres, peinture de Robert Clarke ; **3** *ph* Winfried Heinze/ domicile de Val, Wim, Kamilla, Juliette & Joseph à Ghent, conçu et construit par Wim Depuydt, architecte ; **4h** *ph* Debi Treloar/appartement de Wim & Josephine à Amsterdam ; 4hc ph Henry Bourne ; **4bc** *ph* Debi Treloar/résidence londonienne de Sam Robinson, copropriétaire de 'The Cross' and 'Cross the Road'; **4b** *ph* Christopher Drake/Vivien Lawrence, architecte d'intérieur à Londres (020 8209 0562) ; **4 – 5** *ph* Lisa Cohen ; **5h** *ph* Debi Treloar/chez Mark & Sally Bailey à Herefordshire ; **5hc** *ph* Winfried Heinze/ chez Ben Johns et Deb Waterman Johns ; **5bc** *ph* Debi Treloar/chez Clare & David Mannix-Andrews, Hove, East Sussex ; **5b** *ph* Polly Wreford/stylisme Atlanta Bartlett ; **6 – 7** *ph* Winfried Heinze/chez les Éclair-Powell, à Londres ; **8 – 9** *ph* Chris Everard/Demeure de John Nicolson, Spitalfields, London ; **10h** *ph* Paul Ryan/maison d'été d'Hvasser, d'Astir Eidsbo etTore Lindholm ; **10b** *ph* Winfried Heinze/appartement de Lars Kristensen, propriétaire de Fil de Fer, Copenhague ; **11** *ph* Chris Everard/loft de Ruth Artmonsky à Covent Garden ; **12** *ph* Winfried Heinze/ residence du Dr Alex Sherman et de Me Ivy Baer Sherman, à New York City ; Mullman Seidman Architects ; **13g** *ph* Winfried Heinze/maison familiale d'Isabel & Ricardo Ernst ; **13d** *ph* Winfried Heinze/ Glasserman/Résidence Gilsanz ; architecte : James Slade pour Cho Slade Architecture, www.sladearch.com ; **14** © Case Furniture Ltd – bureau Covet de Shin Azumi ; **15** *ph* Andrew Wood ; **16g** *ph* Andrew Wood/architecte Grethe Meyer, Hørsholm, Danemark, construit par les architectes Moldenhawer, Hammer et Frederiksen, 1963 ; **16d** *ph* Debi Treloar/domicile de Clare & David Mannix-Andrew's house, Hove, East Sussex ; **17** *ph* Chris Everard ; **18** © Porada/bureau Pablo conçu par M. Walraven, Porada ; **19** *ph* Chris Everard/maison de la styliste Carla Saiben à Milan ; **20hg** *ph* Andrew Wood/architecte Grethe Meyer, Hørsholm, Danemark, architects : Moldenhawer, Hammer and Frederiksen, 1963 ; **20hd** *ph* Andrew Wood ; **20bg** *ph* Dan Duchars/Ian Hogarth du bureau à domicile Hogarth Architects, à Londres ; **20bd** *ph* Andrew Wood/appartement de Peter Holmblad de Klampenborg, Danemark, créé par l'architecte Arne Jacobsen en 1958 ; **21hg** *ph* Polly Wreford/Foster House de Beach Studios - stylisme Atlanta Bartlett ; **21hd** *ph* Andrew Wood/Ian Bartlett & Christine Walsh, Londres ; **21bg** © Pinch : bureau Pontus créé par Russell Pinch, ph James Merrell **21bd** *ph* Christopher Drake/designer Stephen Pardy, maison géorgienne de Londres ; **22 – 23** *ph* Debi Treloar/ design : Cecilia Proserpio, meuble : Katrin Arens ; **23** *ph* Debi Treloar/demeure de Marcus Hewitt et Susan Hopper, à Litchfield County, Connecticut ; **24** *ph* Polly Wreford/Ann Shore, Story ; **25 ph** Tom Leighton/artiste Yuri Kuper ; **26** *ph* Mark Scott ; **27g** *ph* Polly Wreford ; **27d** © Pinch : bureau Yves de Russell Pinch, ph James Merrell ; **28g** *ph* Chris Everard/maison de Pemper et Rabiner, à New York, conçu par David Khouri, Comma ; **28 – 29** principale ph Andrew Wood/appartement de Peter Holmblad, Klampenborg, Danemark, conçu par l'architecte Arne Jacobsen en 1958 ; **30** *ph* Chris Tubbs/cottage de Norfolk d'Annabel Grey ; **31h** *ph* Claire Richardson/ Eifion & Amanda Griffiths de la maison de Melin Tregwynts, au Pays de Galles ; **31b** *ph* Debi Treloar/ the Swedish Chair – Lena Renkel Eriksson ; **32** *ph* Polly Wreford/un appartement à New York conçu par Belmont Freeman Architects ; **33** *ph* Polly Wreford/ stylisme : Atlanta Bartlett ; **34 both** © Case Furniture Ltd – bureau Covet par Shin Azumi ; **35** © Pinch : bureau Pontus créé par Russell Pinch, ph James Merrell ; **36 & 37** ph Debi Treloar/demeure de Mark & Sally Bailey, Herefordshire ; **38 – 39** principale ph Andrew Wood ; **39d** *ph* Lisa Cohen/domicile de Kate Forman ; **40 & 41** ph Debi Treloar/residence familial de Catherine Chermayeff & Jonathan David, à New York, conçue par Asfour Guzy Architects ; **42g** *ph* Debi Treloar/demeure de Mark & Sally Bailey, à Herefordshire ; **42d** *ph* Polly Wreford/pied-à-terre parisien de Marie-Hélène de Taillac ; **43g** *ph* Debi Treloar/demeure de Philadelphie de Glen Senk & Keith Johnson d'Anthropologie ; **43d** *ph* Christopher Drake/un appartement de Milan conçu par Daniela

Micol Wajskol, Interior Designer; **44l** ***ph*** Dan Duchars/Ian Hogarth of bureau à domicile d' Hogarth Architects, à Londres; **44hd** ***ph*** Debi Treloar/designer Steven Shailer, son appartement de New York City; **44br** ***ph*** Polly Wreford/Clare Nash, Londres; **45** ***ph*** Andrew Wood; **46 – 47** ***ph*** Andrew Wood/Ian Bartlett & Christine Walsh, Londres; **48** ***ph*** Polly Wreford/designer Lisette Pleasance, demeure et B&B de Mick Shaw; **49hg** ***ph*** Debi Treloar/chez Cristine Tholstrup Hermansen et Helge Drenck, à Copenhague; **49hd** ***ph*** Jan Baldwin/appartement des Campbell, Londres, Voon Wong Architects; **49bd** ***ph*** Polly Wreford/résidence familiale de l'ouest de Londres, par Webb Architects et Cave Interiors; **50** ***ph*** Debi Treloar/appartement de Wim & Josephine, à Amsterdam; **51** ***ph*** Andrew Wood/demeure de la famille Kjaerholms, à Rungsted, au Danemark; **52 – 53** ***ph*** Dan Duhars/maison du designer Mark Smith, Londres; **54** ***ph*** Lisa Cohen/maison du designer Nina Hartmann, en Suède, www.vintagebynina.com; **55l** ***ph*** Polly Wreford/Foster House de Beach Studios ; stylisme par Atlanta Bartlett; **55r** ***ph*** Polly Wreford/ résidence de Lewes, de Justin & Heidi Francis, propiétaires de Flint www.flintcollection.com; **56l** ***ph*** Polly Wreford/appartement parisien de Daniel Jasiak; **56d** ***ph*** Lisa Cohen/propriétaire de Tapet Café, textile designer Helene Blanche, son époux et Jannik Martensen-Larsen; **57** ***ph*** Christopher Drake/maison géorgienne du designer Stephen Pardy, à Londres; **58** ***ph*** Polly Wreford/Stenhuset Antikhandel boutique, café et B&B à Stockamollan, Suède; **59** ***ph*** Jan Baldwin/demeure de David Davies dans le Sussex, England; **60** ***ph*** Debi Treloar/propriétaires de 'Hope & Greenwood', résidence de Miss Hope & Mr Greenwood, à Londres; **61** ***ph*** Polly Wreford/ stylisme : Atlanta Bartlett, New Cross – Demeures en locations, voir sur www.beachstudios.co.uk; **62** ***ph*** Debi Treloar/demeure de Sharon & Paul Mrozinski à Bonnieux, France, www.marstonhouse.com; **63** ***ph*** Andrew Wood/maison de l'architecte Grethe Meyer, Hørsholm, Danemark, construite par les architectes Moldenhawer, Hammer and Frederiksen, 1963; **64 & 65** ***ph*** Ray Main/lampe Babylon Design; **66** ***ph*** Polly Wreford/Foster House de Beach Studios stylisme par Atlanta Bartlett; **67** ***ph*** Polly Wreford; **68** ***ph*** Lisa Cohen/conçu par Jane Cumberbatch, www. purestyleonline.com; **69** ***ph*** Polly Wreford/Foster House de Beach Studios; stylisme par Atlanta Bartlett; **70** ***ph*** Paul Massey; **71** ***ph*** James Morris/ maison de Tom Jestico & Vivien Fowler, Londres, équipe : Tom Jestico & Vivien Fowler; **72 – 73** ***ph*** Christopher Drake/Neisha Crosland; **74hg** ***ph*** Winfried Heinze/maison de Rose Uniacke, Londres; **74hd** ***ph*** Debi Treloar/residence de Philadelphie de Glen Senk & Keith Johnson d'Anthropologie; **74bg** ***ph*** Winfried Heinze/architecte d'interieur : Matali Crasset; **74br** ***ph*** Polly Wreford/Indenfor & Udenfor à Copenhague (logement et boutique près du château royal); **75hg** ***ph*** Chris Everard/appartement de New York, conçu par Mullman Seidman Architects; **75hd** ***ph*** Andrew Wood/maison de Stockholm, Suède; **75bg** ***ph*** Polly Wreford/maison en Provence de Carolyn Oswald; **75bd** ***ph*** Andrew Wood/ appartement parisien de Nicolas Hug; **76 – 77** ***ph*** Dan Duhars/demeure de l'architecte Haifa Hammami, à Londres; **78 – 79 toutes** ***ph*** James Morris/maison de Joan Barnett, dans l'ouest d'Hollywood, créée par William R. Hefner AIA, architecture d'intérieur par Sandy Davidson Design; **80** ***ph*** Andrew Wood/ résidence de Sean et Tricia Brunson, à Orlando; **81** ***ph*** Andrew Wood/appartement de Kurt Bredenbeck, the Barbican, London; **82** ***ph*** Jan Baldwin/loft d'Alfredo Paredes et Brad Goldfarb, à Tribeca, New York conçu par Michael Neumann Architecture; **83** ***ph*** Chris Everard/appartement de New York créé par Shamir Shah; **84 – 85** ***ph*** Polly Wreford/demeure d'Ingrid et Avinash Persaud, à Londres; **86** ***ph*** Christopher Drake/maison de Londres, conception et équipements par Tyler London Ltd, décoration d'intérieur par William W. Stubbs, IIDA; **87** ***ph*** Debi Treloar; **88 & 89** ***ph*** Claire Richardson/maison de la consultante en architecture d'intérieur Rachel van der Brug, à Amsterdam; **90** ***ph*** Polly Wreford/ demeure de Charlotte-Anne Fidler, à Londres; **91** ***ph*** Polly Wreford/Indenfor & Udenfor à Copenhague (logement et boutique près du château royal); **92** ***ph*** Chris Everard/maison de John Nicolson, Spitalfields, London; **93** ***ph*** Debi Treloar/résidence de Robert Elms et Christina Wilson, Londres; **94 – 95** ***ph*** Andrew Wood/maison de Stockholm, Suède; **96** ***ph*** Polly Wreford/Foster House de Beach Studios stylisme par Atlanta Bartlett; **97** ***ph*** Debi Treloar/Roeline Faber, interior designer; **98** ***ph*** Jan Baldwin/résidence d'Alison Hill & John Taylor, à Greenwich; **99** ***ph*** Chris Everard/demeure du photographe Guy Hills, à Londres, créée par Joanna Rippon & Maria Speake de Retrouvius; **100 – 101** ***ph*** Chris Tubbs/demeure de Teresa Ginori près de Varese, abat-jour parchemin par l'architecte Roberto Gerosa; **102** ***ph*** Paul Ryan/ demeure d'Ingegerd Raman et Claes Söderquist, en

Suède ; **103** ***ph*** Tom Leighton/Netty Nauta ; **104** ***ph*** Chris Everard/appartement de New York, dessiné par Mullman Seidman Architects ; **105h** ***ph*** Andrew Wood/appartement de Jo Shane, John Cooper et leur famille, à New York ; **105b** ***ph*** Winfried Heinze/appartement de Jacques Azagury à Londres ; **106g** ***ph*** Andrew Wood ; **106d** ***ph*** Polly Wreford/maison de Copenhague de June et David ; **107** ***ph*** Polly Wreford/Foster House de Beach Studios stylisme par Atlanta Bartlett ; **108** ***ph*** Andrew Wood/appartement parisien de Nicolas Hug ; **109g** ***ph*** Debi Treloar/Hèlène & Konrad Adamczewski, Lewes ; **109d** ***ph*** Debi Treloar/Madeleine Rogers de Mibo ; **110 – 111** ***ph*** Winfried Heinze/appartement de Yancey et Mark Richardson à New York, architecture et decoration d'interieur par Steven Learner Studio peintures de Vic Muniz et Adam Fuss, trois nus sur le bureau par Alvin Booth ; **112** ***ph*** Winfried Heinze/demeure de Wayne & Gerardine Hemingway de Hemingway Design, dans le Sussex ; **113** ***ph*** Andrew Wood/résidence des Kjaerholms, à Rungsted, Danemark ; **114** ***ph*** Winfried Heinze/appartement de Notting Hill d'Ebba Thott de "Sigmar", à Londres ; **115** ***ph*** Christopher Drake/antiquaire et copropriétaire de Jamb Ltd/Manteaux de cheminées ; **116 – 117** ***ph*** Jan Baldwin/appartement londonien de l'architecte William Smalley ; **118** ***ph*** Andrew Wood/ancienne demeure de Floride rénovée par Andrew Weaving de Century, www.centuryd.com ; **119** ***ph*** Chris Tubbs ; **120** ***ph*** Chris Tubbs/Podere Sala, demeure de Lori De Mori en Toscane rénovée par l'architecte André Benaim ; **121l** ***ph*** Winfried Heinze/appartement de Florence & John Pearse, Londres ; **121d** ***ph*** Chris Tubbs/résidence de Toia Saibene & Giuliana Magnifico, à Lucignano, en Toscane ; **122h** ***ph*** Claire Richardson/résidence française de Malcolm Gliksten ; **122b** ***ph*** Christopher Drake/Vivien Lawrence, Londres (020 8209 0562) ; **123** ***ph*** James Merrell ; **124** ***ph*** Debi Treloar/résidence de Sigolène Prébois de Tsé &Tsé associés à Paris ; **125l** ***ph*** Chris Everard/résidence de l'architecte Jonathan Clark, à Londres ; **125d** ***ph*** Polly Wreford/demeure familiale d'Alison Smith à Brighton ; **126** ***ph*** Polly Wreford/résidence du sud de Londres de la designer Virginia Armstrong de roddy&ginger ; **127l** ***ph*** Lisa Cohen/maison de Clara Baillie, sue l'Île de Wight ; **127d** ***ph*** Debi Treloar/maison et atelier de Julian Stair, à Londres ; **128 – 131** ***ph*** Tom Leighton/artiste Yuri Kuper ; **132 – 133** ***ph*** Debi Treloar/maison d'hôtes du décorateur d'intérieur et artiste Philippe Guilmin, Bruxelles ; **134** Claire Richardson/demeure de Gérard et Danièle Labre, près d'Uzès en France ; **135** ***ph*** Debi Treloar/demeure de Philadelphie de Glen Senk & Keith Johnson d'Anthropologie ; **136 – 137** ***ph*** Debi Treloar/auteur, styliste et propriétaire de la boutique 'Caravan', Emily Chalmers et ancienne résidence de Chris Richmond, à Londres ; **138** ***ph*** Polly Wreford/maison de Provence de Carolyn Oswald ; **139** ***ph*** Debi Treloar/demeure de Mark & Sally Bailey, Herefordshire ; **140** ***ph*** Polly Wreford/maison de Provence de Carolyn Oswald ; **141g** ***ph*** Lisa Cohen/résidence de Clara Baillie, île de Wight ; **141d** ***ph*** Polly Wreford/maison familial d'Azzi & Dan Glasser du nord de Londres ; **142 – 143** ***ph*** Polly Wreford/Lena Proudlock ; **144** ***ph*** Andrew Wood/maison-atelier du galeriste Mikael Andersen, au Danemark, conçue par Henning Larsen ; **145h** ***ph*** James Morris/Nomentana Residence, Maine, créée par Mack Scogin Merrill Elam Architects ; **145b** ***ph*** Polly Wreford/maison de Fiona et Alex Cox of www.coxandcox.co.uk ; **146** ***ph*** Debi Treloar/résidence privée d'Amsterdam, Ank de la Plume ; **147** ***ph*** Debi Treloar/maison de Netty Nauta à Amsterdam ; **148** ***ph*** Polly Wreford/Foster House de Beach Studios, stylisme par Atlanta Bartlett ; **149** ***ph*** Debi Treloar/résidence d'Amsterdam de la styliste et artiste Reineke Groters ; **150** ***ph*** Polly Wreford/appartement new-yorkais de Kathy Moskal, créé par Ken Foreman ; **151** ***ph*** Caroline Arber/création et stylisme par Jane Cassini et Ann Brownfield ; **152** ***ph*** Winfried Heinze/résidence de Ben Johns et Deb Waterman Johns ; **153** ***ph*** Winfried Heinze/résidence de Rose Uniacke, à Londres ; **154** ***ph*** Debi Treloar/demeure de Ben Johns et Deb Waterman Johns ; **155h** ***ph*** Debi Treloar/propriétaire de Crème de la Crème à la Edgar, demeure d'Helle Høgsbro Krag's, à Copenhague ; **155b** ***ph*** Winfried Heinze/demeure de Sophie Eadie, à Londres ; **156 – 157** ***ph*** Winfried Heinze/résidence familiale des O'Connor Bandeen, Londres ; **158** ***ph*** Winfried Heinze/Jon Pellicoro artiste et décorateur ; **159** ***ph*** Winfried Heinze/maison de la décoratrice d'intérieur Lisa Jackson, à New York ; **160** ***ph*** Winfried Heinze/architecture d'intérieur : Matali Crasset ; **161** ***ph*** Winfried Heinze/chambre de Freddie Hair, à Londres ; **162** ***ph*** Winfried Heinze/résidence de la famille Fried, à Londres ; **163l** ***ph*** Winfried Heinze/architecture et décorations : Nico Rensch, Architeam ; **163d** ***ph*** Winfried Heinze/demeure londonienne de Rose Uniacke ; **164 – 165** ***ph*** Winfried Heinze/demeure de Val, Wim, Kamilla, Juliette et Joseph, à Ghent, dessinée et construite par Wim Depuydt, architecte.

REMERCIEMENTS

En écrivant ce livre, dans mon bureau tout neuf, confortable et merveilleux, j'ai pu apprécier le talent de l'équipe de la maison d'édition. Leur attention aux détails et leur bienveillance apparaissent sur tous les ouvrages qu'ils publient. J'ai eu la chance de côtoyer Alison Starling, Rebecca Woods, Leslie Harrington et Paul Tilby et, bien sûr, l'infatigable Emily Westlake. Mille mercis à tous.

À PROPOS DE L'AUTEUR

Caroline Clifton-Mogg est une journaliste chevronnée et l'auteur d'ouvrages traitant de décoration d'intérieur et de jardins, parmi d'autres sujets. Elle contribue à plusieurs revues dont *House & Garden*. Parmi ses livres, on compte *Tuscan Escapes, French Country Living, The Comforts of Home* and *All in the Detail* (tous by Ryland Peters & Small).